KB179041

탈레스가 들려주는
아르케 이야기

탈레스가 들려주는
아르케 이야기

ⓒ 서정욱, 2007

초판 1쇄 발행일 2007년 1월 22일
초판 12쇄 발행일 2023년 5월 18일

지은이   서정욱
그림   박상아
펴낸이   정은영

펴낸곳   (주)자음과모음
출판등록   2001년 11월 28일 제2001-000259호
주소   10881 경기도 파주시 회동길 325-20
전화   편집부 (02)324-2347 경영지원부 (02)325-6047
팩스   편집부 (02)324-2348 경영지원부 (02)2648-1311
e-mail   jamoteen@jamobook.com

ISBN 978-89-544-1964-2 (64100)

탈레스가 들려주는
아르케 이야기

서정욱 지음

㈜자음과모음

책머리에

여러분, 여러분은 이제 저와 함께 철학 여행을 떠나게 됩니다. 그런데 여러분은 혹시 철학이 무엇인지 아시나요? 철학은 무척이나 어렵고 따분할 것 같지만 사실은 매우 쉽고 재미있는, 우리들에게 친근한 학문입니다.

간단히 말하자면 철학은 우리가 어떻게 살아야 하고, 무엇을 우선으로 살아야 하는지, 행복한 삶이란 어떠한 삶인지 등 삶의 중요한 물음에 대한 길잡이 역할을 하는 학문입니다.

여러분, '철학이란 과연 무엇일까?' 라는 호기심이 일지 않나요? 그렇다면 지금부터 저와 함께 이 책 속으로 여행을 떠나 볼까요?

이 책에서 소개할 철학자는 고대 그리스의 유명한 철학자 탈레스입니다. 탈레스는 유럽에서 활동한 최초의 철학자이기도 합니다.

지금의 터키 서쪽 지방을 고대 그리스 사람들은 이오니아 지방이라고 불렀습니다. 이 이오니아 지방의 남쪽에는 밀레투스라는 조그마한 도시가 있었는데 탈레스는 기원전 624년경에 이 도시에서 태어났습니다. 탈레스가 태어난 밀레투스에는 탈레스 외에 아낙시메네스, 헤라클레이토스 등의 철학자들이 있었는데 철학의 역사에서는 이들을 밀레투스학파 또는 이오니아학파라고 합니다.

밀레투스학파의 대표적인 철학자였던 탈레스는 젊은 시절부터 배를 타고 여러 나라를 여행했습니다. 탈레스는 보다 많은 지식을 얻기 위해서 이집트와 칼데아 지방에서 유학했는데, 그는 이곳에서 고대 그리스보다 앞선 고대 이집트 문화와 메소포타미아 문화를 배웠습니다. 여러분도 잘 알다시피 이집트 문명은 나일강을 중심으로 발달했고, 메소포타미아 문명은 유프라테스강과 티그리스강을 중심으로 발전했습니다.

탈레스는 칼데아 지방에서 천문학적인 지식을 배웠는데 당시 이 지역은 페르시아만에 위치하고 있는 유프라테스강과 티그리스강의 삼각주에 위치하고 있었습니다. 또한 그는 이집트에서 기하학에 관한 연구를 많이 했습니다.

이렇게 기하학과 천문학에 대해 많은 연구를 한 탈레스는 고향으로 돌아온 뒤 철학을 공부하기 시작합니다. 당시에는 물론 철학이라는 학문이 없었습니다.

그럼, 철학이란 무엇일까요? 정확하게 '철학이 무엇이다'라고 정의할 수는 없지만 철학은 우주와 세계 그리고 인간의 문제를 파악하려는 새로운 생각임에는 틀림이 없습니다.

천문학을 공부한 탈레스는 하늘의 별자리를 보면서 '우주와 세계 그리고 인간이 어떻게 생겨났을까' 하고 생각했습니다. 그래서 우리는 탈레스를 최초의 철학자라고 부르는 것입니다.

일찍이 철학이라는 학문이 존재하기 전에 고대 그리스 사람들은 우주, 세계 그리고 인간 문제의 해답을 제우스를 비롯한 다른 신들에게서 찾았으며, 이런 이야기들이 오랜 기간을 두고 이어져 신화가 되었습니다. 하지만 탈레스는 더 이상 신화에서 우주, 세계 그리고 인간의 문제를 해결하기를 원치 않았습니다.

별자리를 관찰하던 탈레스는 우주, 세계 그리고 인간을 만든 근본적인 물질이 있다고 믿었으며 그는 이 근본적인 물질을 '물' 이라고 생각하게 됐습니다. 근본적인 물질을 일컫는 고대 그리스 말은 '아르케' 라고 합니다. 탈레스는 생명이 죽고 사는 것의 가장 기본을 물이라고 보았습니다. 즉 식물이나 동물은 물(수분)을 머금고 있으면 살아 있고, 수분이 빠져 나가면 죽게 된다고 생각했던 것입니다.

그는 마치 물을 사람의 영혼처럼 여겼기 때문에 사람의 몸속에 물이 있으면 살게 되고, 없으면 죽게 된다고 생각했습니다. 이처럼 그는 모든 사물을 구성하는 근본적인 물질을 물이라고 믿었습니다.

그 외에도 탈레스는 천문학과 기하학에 대한 지식을 고대 그리스 사람들에게 가르쳐 주었습니다. 당시 탈레스가 예언했던 일식 이야기는 매우 유명합니다. 그 당시 사람들은 일식이 무엇인지 전혀 알지 못했는데,

탈레스는 칼데아 지방에서 배운 천문학적 지식을 바탕으로 사람들에게 일식에 대해 알기 쉽게 설명해 주었습니다.

그는 또한 곰자리를 발견하여 항해하는 뱃사람들에게 많은 도움을 주었습니다. 에게해(지중해 동부)에는 많은 섬들이 있었는데, 당시 이 섬들 사이를 항해했던 사람들은 탈레스가 가르쳐 준 곰자리를 등대 삼아 안전한 항해를 할 수 있었습니다.

기하학 분야에 남긴 탈레스의 업적은 더욱 위대합니다. 그는 피라미드의 높이를 측정했고, '탈레스의 정의'도 만들었습니다. 기하학적 지식은 천문학적 지식만큼이나 뱃사람들에게 유용하게 쓰였습니다. 뱃사람들은 탈레스가 가르쳐 준 기하학적 지식 또한 항해에 적용하였는데 예를 들면, 기하학의 기본 원리를 이용해 암초와 암초 사이의 거리를 측정함으로써, 뱃사람들이 암초에 부딪히지 않고서도 무사히 항해할 수 있도록 하였습니다.

여러분, 이렇듯 역사 속에 위대한 업적을 남긴, 최초의 철학자 탈레스의 죽음은 어떤 모습이었을까요? 기원전 547년경 어느 날, 탈레스는 운동 경기를 보기 위해 운동장에 갔는데, 그날 모든 사람들이 빠져나간 관중석 계단 위에서 탈레스는 마치 잠자는 사람처럼 누워 있었다고 합니다. 추측건대 그는 경기가 끝나고 나오던 도중 다른 사람들에게 떠밀려 넘어져, 밟혀 죽었을 것입니다.

탈레스는 물을 '아르케'라고 했습니다. 탈레스의 말대로라면 그가 죽은 것은 자신의 몸에 있던 물이 모두 빠져나갔기 때문이겠죠? 여러분들 생각은 어떤가요?

탈레스와 아르케 이야기. 참 재미있겠죠? 우리 함께 '탈레스가 들려주는 아르케 이야기' 속으로 들어가 볼까요?

참, 그보다 먼저 고마운 분들께 감사의 말씀부터 드려야겠네요. 《탈레스가 들려주는 아르케 이야기》를 집필하기까지 도와주신 분들이 참 많습니다. 좀 더 좋은 책으로 만들어 주신 (주)자음과모음 가족들과 이 책이 출판될 수 있도록 기회를 열어 주신 강병철 사장님께 감사의 말씀을 전합니다.

자, 이제 탈레스가 이야기했던 아르케가 무엇인지 첫 장을 열어 볼까요?

2007년 1월

서정욱

C O N T E N T S

프롤로그

"저 고집을 누가 꺾어!"

아빠가 출근하자마자 엄마는 대문에다 대고 소리쳤다.

'또 부부 싸움하셨나?'

수연이는 왠지 불안한 마음이 들었다.

"엄마, 왜 그래?"

수연이가 조심스럽게 엄마에게 다가갔다.

"네 아빠 말이다. 며칠 전부터 청계천 고가도로를 철거한다며 저렇게 먼지를 풀풀 날리는데, 거기서 장사를 하겠다고 저러시잖니?"

엄마가 가슴을 툭툭 치며 답답하다는 듯 말했다.

"그럼 어떡해? 아빠 가게 이사 가야 하는 거야?"

수연이가 눈을 동그랗게 뜨고 물었다.

"지금 당장 이사는 못 가더라도 며칠만이라도 문 닫고 쉬면 좀 좋아. 어차피 손님들도 당분간은 그 먼지 날리는 가게에는 안 올 거란 말이지.

교통도 좀 복잡하니."

엄마는 손에 들고 있던 걸레를 내던졌다. 엄마도 아빠가 걱정되셔서 하는 말 같았다.

"그럼 아빠도 먼지 다 마시면서 일하겠네?"

생각해 보니, 아빠가 걱정이었다. 수연이가 인상을 찌푸리며 말했다.

"내 말이 그 말이야. 이럴 때 쉬면 좀 어때서…… 그리고 말이 나왔으니 말이지 그깟 헌책방, 누가 요즘 그런 데 오니? 제발 가게 팔고 다른 것 좀 해 보라니까…… 고집이 여간이 아니시다."

엄마가 깊은 한숨을 내쉬었다. 요즘 들어 엄마와 아빠는 가게 문제로 자주 다투신다. 그래도 수연이는 아빠가 헌책방을 계속하셨으면 좋겠다고 생각했다. 젊었을 적부터 오직 한 가지 일만 해 오신 아빠가 자랑스럽기도 했다. 게다가 아빠는 책을 많이 보셔서 다른 아빠들과는 비교도 할 수 없을 만큼 유식했다. 대학생 언니 오빠들이나 대학 교수들도 아빠 앞에만 서면 주눅이 들 정도였다.

오랜 공사를 거쳐 청계천 고가도로를 다 철거하고 나면 땅속에 묻혀 있던 청계천이 햇빛을 보게 된다고 한다.

'오랫동안 땅속에 묻혀 있던 청계천은 얼마나 갑갑했을까?'

수연이는 자기가 땅속에 갇혀 있는 것처럼 갑자기 가슴이 답답했다. 그런데 그 먼지 날리는 공사장 옆에서 하루 종일 일하실 아빠를 생각하니 더욱더 가슴이 답답해졌다.

수연이는 청계천이 복원된 뒤에는 서울이 좀 더 숨쉬기 좋은 도시로 거듭날 거라는 보도를 뉴스를 통해 보았다. 그런 소식을 접할 때마다 아빠는 정말 잘된 일이라고 기뻐하시곤 했다. 모두가 조금만 참고 기다리면 깨끗한 물이 흐르고, 물고기가 헤엄쳐 다니는 청계천을 만날 수 있을 것이다. 그런 상상을 하는 수연이의 가슴이 두근거렸다. 그런 날이 온다면 수연이는 매일같이 아빠 가게로 놀러 갈 것 같았다.

'그런데 엄마는 청계천이 복원되는 걸 왜 그리도 싫어하실까? 내가 모르는 다른 이유라도 있는 걸까?'

수연이는 거실 구석에 있는 어항을 들여다보았다. 금붕어 몇 마리가 한가로이 헤엄치고 있었다.

'복원된 청계천은 대체 어떤 모습일까? 거대한 어항 같은 모습일까? 하하!'

수연이는 새롭게 거듭날 청계천의 모습을 가만히 머릿속으로 그려 본다.

1

청계천, 변신을 꿈꾸다!

 물은 만물의 근원이다.

−탈레스

1 먼지투성이 거리

수연이는 텔레비전을 보다가 깜짝 놀랐다. 아니 '깜짝 반가워했다'고 해야 맞을 것이다. 아빠가 일하시는 헌책방 골목이 뉴스에 나왔기 때문이다. 그곳은 물론 수연이도 자주 가는 곳이다.

아빠가 청계천 근처 헌책방에서 일하신 지도 벌써 17년째다. 아빠는 그곳에서 총각이었을 때 점원으로 시작해 지금은 어엿한 사장님이 되셨다. 사장님이라고 해 봤자 코딱지만 한 가게라고, 아빠는 늘 겸손하게 말씀하신다.

카메라는 청계천 고가도로 주변에 다닥다닥 붙어 있는 헌책방들을 한눈에 훑고 지나갔다. 수연이는 혹시라도 아빠의 가게가 뉴스에 나올까 싶어 눈을 떼지 않고 지켜보았지만 금방 다른 화면으로 넘어가 버렸다.

"엄마, 방금 텔레비전에 아빠네 헌책방 동네 나왔다."

수연이는 신이 나서 빨래를 걷고 있는 엄마에게 말했다.

"나올 만도 하지."

엄마의 목소리가 심드렁했다.

"왜 나올 만도 한 건데?"

수연이가 세탁기에 매달리며 물었다.

"요즘 한창 청계 고가도로 철거하잖아."

빨래들을 마루에 내던지며 엄마가 말했다.

"철거?"

"그래, 청계천 복원하는 건 너도 알지? 청계천은 서울 한복판을 흐르는 하천이란다. 그런데 그동안 땅속에 묻어 두었던 청계천을 지금 다시 되살리겠다는 거야. 이번에는 인공 하천을 만든다는 건데…… 한강 물과 지하철 역사에서 나오는 지하수를 끌어다가 청계천에 물을 댄다는 거야. 어쨌든 그 일 때문에 아빠가 골치가 많이 아프시단다."

엄마는 빨래도 개키지 않고 마루에 털썩 앉아 버렸다. 수연이도 덩달아 엄마 곁에 앉았다.

"엄마가 더 골치 아파 보이는데? 왜 그래, 엄마?"

"먼지가 너무 많이 일어서 책방에 오는 손님들 발길이 뚝 끊어졌으니까 그렇지…… 휴, 나도 모르겠다."

엄마는 깊게 한숨을 내쉬고는 다시 일어나, 빨래들을 하나씩 개키기 시작했다. 수연이도 자기 빨래쯤은 알아서 개키고 챙겼다.

"엄마, 우리 점심에 도시락 싸서 아빠한테 가자. 응?"

수연이는 아빠의 헌책방 가게를 좋아한다. 거기에 가면 수연이가 볼 만한 참고서나 문제집은 물론이고, 동화책과 만화책도 많이 있기 때문이다. 수연이는 동네 서점에는 없는 책들이 아빠네 헌책방에 있다는 사실이 신기하기도 하고 좋기도 해서, 친구들에게 늘 자랑하곤 했다.

"그래, 손님도 별로 없다는데 우리라도 가 주자."

엄마와 수연이는 김치볶음밥을 만들어서 아빠에게 가지고 갔다. 집에서 가게까지는 버스로 일곱 정거장 거리였다. 버스에서 내리자마자 시끄러운 소음과 매캐한 먼지 냄새가 '훅' 하고 느껴졌다.

"마스크라도 하고 올 걸 그랬네. 이 정도일 줄은 몰랐어."

엄마가 수연이의 입을 손으로 막아 주면서 말했다. 수연이도 코가 간질간질하고, 눈이 뻑뻑해지는 느낌이었다. 청계 고가도로를 철거하면서 생기는 먼지들이 어마어마하다고 생각했다. 수연이와 엄마는 최대한 숨을 쉬지 않으려고 노력하면서 종종걸음으로 아빠 가게에 도착했다.

"아빠!"

수연이는 가게로 들어서면서 아빠를 불렀지만 아빠의 모습은 보이지 않았다. 수연이가 가게 안쪽으로 깊숙이 들어가 벽 뒤로 돌아서자, 사다리 위에 앉아 책을 읽고 계시는 아빠의 모습이 눈에 들어왔다.

"우리 딸 왔구나."

아빠는 산더미처럼 쌓여 있는 책들 가운데서도 손님이 원하는 책을 금방 찾아내는 재주가 있었다. 수연이는 그런 아빠가 존경스러웠다.

"여보, 나는 안 보여요? 호호호! 오늘은 좀 어때요?"

"그냥 그렇지, 뭐. 오늘따라 먼지가 더 심한 것 같네. 나라도 이런 길은 걷고 싶지 않을 텐데, 뭘."

아빠가 김치볶음밥을 드시면서 맥없이 웃으셨다. 가게가 출입문 없이 밖과 바로 연결돼서 그런지 점심을 먹는 내내 먼지가 가게 안을 둥둥 떠다녔다.

"당분간이라도 가게 문을 닫는 게 어때요?"

엄마는 아빠의 건강이 걱정되는 눈치였다.

"또 그 얘기야? 그건 안 돼. 우리 가게를 찾는 손님이 단 한 분이라도 있는 한 그럴 수는 없어. 그동안 쌓아 온 신뢰를 한순간에 무너뜨릴 수는 없다고."

헌책방에 대한 아빠의 애정은 말로 다 표현할 수 없을 정도였다. 엄마도 더 이상은 못 말리겠다는 듯 고개를 가로저었다.

"청계천이 복원되고 나면 더 많은 사람들이 이 거리를 찾게 될 거야. 조금만 참고 기다리면 된다고. 책을 읽으면서 청계천을 거닐 사람들의 모습을 상상하면, 아빠는 너무 행복하단다."

아빠는 천장을 바라보며 뭔가를 상상하는 듯한 표정을 지었다. 마치 어린아이 같았다.

"손님이 더 많이 찾아올지 아니면 아예 없어져 버릴지, 누가 알아요?"

엄마가 투덜투덜거렸다.

"아빠, 그런데 청계천은 왜 그동안 땅속에 있었어요?"

수연이는 궁금증이 마구 솟아났다.

"아주 오래전부터 청계천 물이 자주 범람했고, 홍수가 나는 날이 많았단다. 이 때문에 전염병이 도는 등 위생상의 문제로까지 논란이 일었고, 결국 여러 차례에 걸친 논의 끝에 청계천을 덮어 버리게 된 거란다."

아빠는 턱을 괴고 진지하게 설명했다.

"그럼 왜 또 갑자기 청계천을 복원하는 건데요?"

수연이의 궁금증은 더해만 갔다.

"그건 우선 안전상의 문제 때문이야. 청계 고가도로와 복개 도로는 너무 낡아서 붕괴 위험이 있는데다가 해마다 보수 공사를 하느라 돈도 많이 들고 힘도 드니까, 그냥 아예 철거해 버리는 게 낫다고 생각한 거지. 그리고 무엇보다도 환경을 생각해서 그런 것이기도 하고…… 청계천을 맑고 깨끗한 물이 흐르는 자연 하천으로 복원해서 생태 공원으로 만들겠다는 거지."

아빠의 얼굴이 환하게 빛났다.

"야, 근사하다!"

"그래, 지금은 공사가 한창이라 아빠도 불편한 점이 많지만, 나

중에 청계천에 깨끗한 물이 흐르는 걸 본다면 정말 기분이 좋을 것 같구나."

"역시 우리 아빠는 멋있단 말이야, 하하!"

아빠와 수연이가 마주 보고 웃는 모습을 바라보는 엄마도 어쩔 수 없이 따라 웃어 버렸다.

그때, 대학생으로 보이는, 키가 전봇대만 한 남자 손님 한 분이 들어왔다. 그런데 아빠는 손님에게 묻지도 않고 어떤 책 하나를 집어 들더니, 장갑 낀 손으로 표지를 두어 번 쓱쓱 닦아 손님에게 건넸다.

"고맙습니다. 이렇게 귀한 책을 이토록 싸게 주셔서…… 이 책을 구하려고 얼마나 발품을 팔았는지 몰라요."

대학생 오빠는 두 손을 기도하듯 모은 채 눈물까지 글썽거렸다.

"학생이 무슨 돈이 있나? 허허!"

아빠는 너털웃음을 지으시며 다시 책 정리를 시작하셨다. 먼지 투성이 거리에 있는 조그마한 가게였지만, 아빠의 헌책방을 잊지 않고 찾아오는 손님들의 발길은 끊이지 않았다.

2 헌책방 단골손님

"탈레스 책 들어왔어요?"

모자를 푹 눌러 쓰고 수염을 덥수룩하게 기른 아저씨가 가게로 들어서자, 아빠는 얼른 뛰어가서 아저씨와 악수를 했다.

"수연아, 이분은 아빠 가게의 가장 오래된 단골손님이시란다. 인사 드려라."

아빠는 갑자기 수연이에게 인사를 시켰다.

"안녕하세요?"

수연이가 기어 들어가는 목소리로 수줍게 인사했다.

"오냐, 아빠를 닮아서 그런지 참 똘똘하게도 생겼구나."

아저씨는 수연이의 머리를 쓰다듬은 뒤, 모자를 벗었다. 그런데 뜻밖에도 아저씨는 앞머리가 훌러덩 벗겨진 대머리였다. 수연이가 웃음을 참지 못하고 키득거리자 엄마는 수연이의 옆구리를 푹 찔렀다.

"괜찮습니다. 애들이 다 그렇죠, 뭐. 저도 거울을 보면 웃음이 나오는데요, 뭐."

아저씨가 몇 올 안 되는 앞 머리카락을 쓸어 넘기면서 껄껄껄 웃었고, 아빠는 가게 안쪽에서 아저씨가 찾는 책을 가지고 나왔다. 뭔지는 잘 모르지만 외국 말로 씌어진 책이었다.

"이거 정말 어렵게 구한 책이에요, 어흠."

"고마우이. 이 은혜 잊지 않겠수."

아저씨는 책값을 치른 뒤, 다시 모자를 눌러쓰고 가게를 나갔다. 아빠는 문 밖까지 아저씨를 배웅했다.

"어머, 내가 갈 때도 그렇게 좀 배웅해 봐요."

질투라도 하듯 엄마는 입을 비죽거렸다.

"그런데 아빠, 아까 그 책이 뭔데 그렇게 귀하다는 거예요?"

"아, 그 책? 방금 다녀가신 그 아저씨가 대학교 철학 교수시거든. 옛날에 탈레스라는 유명한 고대 그리스 철학자가 있었는데, 그 철학자와 그의 철학에 대해 연구한 책이야. 우리나라에서는 좀처럼 번역되지 않은 책이라서 귀하다는 거고."

아빠는 무슨 책이든 잘 구하고 잘 찾아내는 마법사 같았다.

"탈레스? 처음 들어 보는데……."

수연이가 머리를 긁적거리면서 말했다.

"아이고 아가씨, 아가씨가 철학자를 알면 얼마나 아시겠어요? 우리 이제 집에나 가실까요?"

엄마는 괜히 수연이에게 핀잔을 주며 자리에서 일어났다.

"싫어, 나 아빠한테 탈레스 얘기 더 듣고 갈래."

수연이는 재빨리 아빠 등 뒤로 숨었다. 집에 가기 싫었다. 궁금한 것이 생기면 끝까지 알아내야 직성이 풀리는 수연이가, 미처 궁금증을 해결하기도 전에 집으로 돌아가는 것은 있을 수 없는 일이었다. 이번에는 탈레스가 딱 걸려든 것이다.

"아빠도 책 내용은 잘 몰라. 아까 오셨던 그 교수 아저씨가 잘 알지. 일주일에 한 번씩, 토요일마다 꼭 오시니까 다음 주에 수연이네가 또 놀러 오면 되겠네. 그럼 아빠가 아저씨께 탈레스 얘기를 해 달라고 부탁할게. 알았지?"

"정말요? 알았어요. 아빠, 제가 혹시 늦더라도 그 아저씨 꼭 붙잡고 계셔야 해요. 약속!"

"허허허! 그래 약속이다. 우리 수연이는 누굴 닮아서 이렇게 똑 부러지는지 몰라."

"똑 부러지는 거야 뭐, 엄마 닮은 거 아니겠어요? 그렇지, 수연아?"

엄마의 질문에 수연이는 아빠와 눈을 한번 찡긋하고는 대답했다.

"그러엄, 엄마 딸이지."

이렇게 한바탕 크게 웃고 난 뒤, 엄마와 수연이는 아빠의 가게를 나왔다. 집으로 돌아온 수연이는 탈레스에 대해 인터넷 검색을 해 보았다. 인터넷에는 탈레스에 관한 꽤 많은 정보들이 있었지만, 수연이는 도무지 무슨 말들인지 이해할 수가 없었다.

"에이, 뭐가 이렇게 어려워? 형이상학인 물이 어쩌고저쩌고……아이고, 그냥 다음 주에 교수 아저씨께 물어봐야겠다."

시무룩해진 수연이는 게임이나 실컷 하기로 마음먹었다. 그날 밤, 엄마와 아빠는 또 한 번 티격태격 말다툼을 벌였다. 엄마는 당분간 가게 문을 닫자고 했고, 아빠는 왜 같은 말을 여러 번 반복하게 만드느냐며 화를 냈다.

'엄마는 아빠 건강을 생각해서 하시는 말씀인데…… 정말이지 우리 아빠 고집은 아무도 못 꺾는다.'

그럭저럭 일주일이 흘렀다.

"혼자 갈 수 있다니까. 걱정하지 마세요."

수연이는 아빠 가게에 혼자 갈 생각으로 집을 나섰다. 어렸을 적부터 하도 많이 가 봐서 진작 혼자 다닐 수 있었는데도 엄마는 꼭 같이 가려고만 했다. 그런데 오늘은 엄마가 동창회에 나가야 한다는 것이다. 엄마는 아주 걱정스러운 얼굴로 마지못해 혼자 가라고 했지만 수연이는 '드디어 때가 왔구나' 하고 기뻐했다.

"요즘 세상이 얼마나 험한데 거길 혼자 가려는 거니? 엄마랑 함께 가야 안전한데…… 모르는 사람 따라가지 말고, 버스 번호 꼭 확인하고, 그리고 또……."

그러고도 엄마의 잔소리는 5분이나 더 이어졌다.

"잘 알겠사옵니다, 어마마마. 내가 무슨 어린앤가? 혼자서도 잘 갈 수 있으니까 걱정 붙들어 매세요!"

수연이는 먼저 엄마를 안심시키고 난 뒤, 혼자 신이 나서 아빠 가게를 찾아갔다. 오늘도 거리에는 먼지가 자욱하다. 수연이는 교수 아저씨를 만난다고 생각하니 몹시 설렜다. 왠지 교수 아저씨와 이야기가 잘 통할 것만 같았기 때문이다.

"아빠!"

"오! 우리 딸, 엄마는?"

"동창회에 가셨어요. 저 혼자서도 잘 왔지요?"

"그래, 기특하기도 하지."

아빠가 책 정리를 하다 말고 수연이에게 의자를 내주었다. 아빠는 손님이 없는 시간에도 쉬지 않고, 책들을 정리하거나 열심히 책을 읽는다. 아빠는 어릴 적에 집안 형편이 너무나 어려워서 초등학교까지만 졸업했지만, 정말 많은 책을 읽어서 교수님 못지않게 유식하시다. 아빠는 모르는 것이 없다. 물어보면 무엇이든 다 대답해 주신다. 수연이는 그런 아빠가 늘 자랑스럽다.

"그런데 교수 아저씨는 언제 오세요?"

"좀 있다 오실 거야. 늘 이 시간쯤에 들르신단다."

그때 누군가 가게 안으로 들어서는 발소리가 들렸다. 수연이가 고개를 획 돌려 보니, 다름 아닌 대머리 교수 아저씨였다.

"양반은 못 되겠네요."

아빠가 말했다. 오늘은 수연이가 벌떡 일어나 먼저 아저씨께 인사했다. 아저씨는 모자를 벗고는 머리를 쓸어 넘기셨다. 처음도 아닌데 수연이는 아저씨의 머리를 보고 또다시 웃음이 새어 나와 참을 수 없었다. 아저씨도 함께 웃어 주셨다.

"우리 딸이 교수님께 여쭤 볼 게 있다면서 이렇게 일찍 나왔지 뭐예요."

아빠가 대뜸 수연이 얘기부터 꺼냈다.

"오호! 우리 꼬마 아가씨, 뭐가 궁금한데?"

아저씨는 허리를 약간 숙여 수연이를 바라보았다. 수연이는 왠지 쑥스러워졌다.

"저기요, 저번에 사 가신 그 책 말인데요…… 탈레스? 그 철학자에 대해 알고 싶어서요."

수연이가 야무지게 대답했다.

"하하하! 아빠 닮아서 책에 관심이 많구나."

아저씨가 아빠와 수연이를 번갈아 보면서 웃었다.

"암, 누구 딸인데요!"

아빠가 어깨를 으쓱하며 으스대었다.

"음…… 탈레스는 말이지, 고대 그리스의 아름다운 항구 도시인 밀레투스라는 곳에서 태어난 아주 유명한 사람이란다. 원래는 무역의 중심지였던 밀레투스에서 누구나가 알아주는 기술자였지. 그러다가 어느 날부턴가 무역선을 타고 여러 나라를 다니게 됐지. 탈레스는 이집트와 중동 지방의 여행을 통해 앞선 과학 기술과 문명을 배웠고, 밀레투스로 돌아와 과학과 문명을 더욱 발전시켰던 거야."

아저씨가 친절하게 설명해 주었다.

"그럼, 탈레스는 시대를 앞서 가는 사람이었군요."

"그렇지, 고대 그리스의 현인들은 이집트에서 전통 지식을 배우고 고국으로 다시 돌아왔단다. 탈레스도 이집트와 바빌론에 다녀온 뒤, 천문학이나 기하학적인 많은 지식들을 그리스에 전파했던 거고."

교수 아저씨는 점점 거창하게 설명하기 시작했고, 수연이는 귀를 쫑긋 세운 채 열심히 들었다.

"그런데 왜 하필 철학자라고 불러요? 기술자도, 과학자도 아닌……."

수연이는 고개를 갸우뚱거렸다.

"철학자라는 말 속에는 그런 의미가 다 담겨져 있단다. 우리가 흔히 생각하는 좁은 개념의 철학 말고 수학, 과학, 기하학, 천문학 등등 여러 분야에 거쳐 많이 연구하고 체계를 세운 사람들을 가리

켜 넓은 의미에서 철학자라고 하거든."

"네…… 그건 그렇고, 기하학은 대체 뭐예요?"

수연이가 눈썹을 추켜올리며 물었다.

"원은 지름에 의해서 이등분된다는 것, 이등변삼각형의 두 밑각의 크기는 같다는 것, 두 직선이 교차할 때 그 맞꼭지각의 크기는 같다,라는 얘기 들어 본 적 있니?"

"얼핏…… 헤헤! 잘 모르겠어요. 그런 건 잘 몰라요."

"그게 바로 탈레스가 발견해서 정리한 것들이란다. 이런 사실들이 바로 그리스 수학의 기초가 된 것들이지. 이 밖에도 닮은꼴을 이용해 해안에서 해상에 있는 배까지의 거리를 측정하는 방법이나, 자석이 금속을 끌어당긴다는 사실 등도 탈레스가 발견한 것이라고 알려져 있단다."

"와! 자석이 금속을 끌어당기는 건 당연한 일인 줄로만 알았는데, 그걸 발견한 사람이 따로 있었군요. 그게 바로 탈레스고요."

"맞아, 지금은 우리가 당연하다고 여기는 것들이 옛날 누군가가 처음 발견해서 사람들에게 널리 알려졌다는 게 놀랍지 않니? 그런 면에서 탈레스는 아주 훌륭한 사람이었단다."

아저씨의 말에 수연이는 알 듯 모를 듯 고개를 끄덕였다.

"뭔가를 처음 발견한다는 게 그렇게 훌륭하고 중요한 거예요?"

"그럼! 탈레스의 발견이 훌륭하게 평가받는 이유는, 그 발견이 단순히 실험이나 직관에 의한 것이 아니라 논리적 추론에 의해 증명하려고 했다는 점 때문이란다. 당시에는 어떤 것을 논리적으로 설명하려는 시도가 거의 없었거든. 그런 이유 때문에 탈레스는 아저씨가 집중적으로 연구하는 철학자 중 한 명이란다. 우리 꼬마 아가씨, 참 똑똑한데!"

수연이가 계속 질문을 하니 아저씨도 진땀이 나는지 손수건으로 자꾸만 이마를 닦았다.

"이것 좀 마시고 하세요."

언제 가져왔는지 아빠는 오렌지 주스 두 잔을 내밀었다. 아저씨는 목이 탔던지 단숨에 주스를 꿀꺽 마셔 버렸다. 수연이도 아저씨를 따라서 꼴깍 마셨다.

"아, 시원하다! 주스를 보니까 생각나네. 주스에도 물이 들어가는데 말이야, 과연 이 세상에 물이 없다면 어떻게 될까?"

아저씨가 수연이의 코앞까지 얼굴을 들이대며 물었다. 수연이는 아저씨의 긴 수염 때문에 웃음이 나오는 것을 간신히 참고 대답했다.

"물이 없으면…… 세수도 못하고, 물이 없으면…… 밥도 못하고, 물이 없으면…… 수영도 못하지요."

"옳지, 하하! 물이란 건 그렇게 중요한 거란다. 탈레스라는 철학자도 바로 그 물을 아주 중요하게 생각했단다. '물은 만물의 근원'이라고 주장했거든. 쉽게 말하면, 탈레스는 이 세상에서 맨 처음 생겨난 것이 바로 물이라고 생각했던 거야."

아저씨가 의자에 등을 기대면서 여유 있는 표정으로 말했다.

"정말이에요? 세상에서 맨 처음 생겨난 게 정말 물이에요? 음…… 나는 하늘이었을 것 같은데."

수연이는 눈을 동그랗게 뜨고 신기한 듯 물었다.

"탈레스라는 사람의 주장이야. 맞을 수도 있고, 틀릴 수도 있어. 탈레스는 서양 철학의 시조라고도 불리는데, 혹시 그 이유가 뭔지 아니?"

"당연히 모르죠, 히히!"

"그건 말이다, 그의 생각이 처음으로 신화적인 사고를 벗어났다고 보았기 때문이란다."

아저씨는 아주 중요한 얘기라는 듯 침을 꼴깍 삼키며 말했다.

"신화적 사고는 또 뭐예요?"

"당시의 사람들은 모든 현상과 진리를 무조건 그리스 신화의 신들과 연관 지어 설명하려고 했거든."

"어떻게요?"

"예를 들면, 해가 뜨고 지는 것도 태양신이 마차를 끌고 하늘로 올라갔다가 내려오는 것이라고 믿었던 거지."

아저씨가 천장을 바라보며 말했다.

"하하하! 말도 안 돼! 해가 뜨고 지는 것은 그냥 그렇기 때문이지, 무슨 태양신이 마차를 끌고 다녀서라고요?"

수연이는 배꼽을 잡고 웃어 댔다.

"옛날 사람들은 과학적인 사고를 잘 할 줄 몰랐으니까 그런 식으로 엉뚱하게 신화에 빗대어 생각하고 또 믿었던 거야."

"그렇구나…… 그럼 탈레스는 신화적인 사고를 하지 않았다는 거예요?"

"바로 그거야! 탈레스는 처음으로 신화적 사고가 아닌 철학적 생각을 하기 시작한 인물이지. 그도 물론 모든 물체에 신이 있다고 믿는 그리스인이었어. 그렇지만 자연법칙에 대한 해석을 초자연적인 관점에서가 아닌 자연에 근거한 시각에서 해석하려고 했던 최초의 사람이었단다."

"듣고 보니 참 똑똑한 사람이네요."

수연이는 고개를 끄덕거렸다.

"탈레스는 스스로에게 질문을 던졌지. '만물의 아르케는 과연 무엇인가' 하고 말이야. 참, 아르케가 뭐냐고? 아르케는 바로 '근원'이라는 뜻이란다. 그러니까 탈레스는 '만물의 근원은 무엇일까' 하고 스스로에게 물었던 거야. 아무튼 그는 지구를 무한한 대양 위에 떠 있는 평편한 판이라고 생각했고, 만물이 생존하기 위해 필요한 필수적인 요소는 바로 물이라고 생각했어."

"그건 맞는 말이네요. 물 없이 우리가 어떻게 살아요? 헤헤!"

"탈레스는 더 나아가 이 세계에 있는 여러 가지 물질들 모두 물이 변화한 모습이라고 믿었던 거야."

"재미있는 생각이네요. 그럼 나무도, 공기도, 바람도, 흙도, 산도…… 모두가 원래는 물이었다는 말이네요?"

"그래, 하하! 우리 수연이, 꼭 꼬마 철학자 같구나. 하여간 그래서 탈레스를 서양 철학의 시조라고 부르게 된 거란다."

아저씨는 이제 그만 돌아가시려는지 엉거주춤 자리에서 일어섰다.

"그런데 탈레스는 왜 만물의 근원을 그 많고 많은 것들 중에 물이라고 주장하게 되었을까요? 정말 신기해요!"

수연이가 다시 질문을 하자, 아저씨는 엉거주춤 일어서려다 다시 의자에 앉았다.

　"이 아저씨도 그게 궁금해서 계속 탈레스에 관한 연구를 하고 있단다. 아마도 당시의 주된 산업이 농업이었던 만큼, 탈레스는 많은 나라들을 두루 돌아다니면서 물의 절대적인 힘과 소중함을 깨달았던 게 아닐까 하고 아저씨는 추측한단다. 그는, 물은 모든 생물에 있어 생성과 소멸의 원인이 될 만큼 중요한 것이라고 생각한 거지. 아이고, 내 정신 좀 봐. 다시 학교에 들어가 봐야 하는데…… 그럼, 다음에 또 보자."

　아저씨는 서둘러 일어나 가게를 나갔다.

　"어? 아저씨, 안녕히 가세요."

　수연이는 왠지 아쉬워서 가게 밖까지 나가 아저씨를 배웅했다. 아저씨의 뒷모습을 보면서 탈레스라는 철학자가 더 궁금해졌지만 그런 궁금증을 뒤로 한 채 가게 안으로 들어왔다. 아빠의 모습이 보이지 않아 수연이가 가게 안쪽으로 돌아가 보니 아빠는 책장 모퉁이에 앉아서 꾸벅꾸벅 졸고 계셨다.

　'아빠가 많이 피곤하신가 보구나.'

　수연이는 아빠를 깨우지 않으려고 조용조용 가게를 빠져나왔다.

3 청계천이 뭐기에

오늘은 모처럼 아빠가 쉬는 날이다. 한 달에 한 번도 제대로 쉬지 못하던 아빠가 오늘 하루 쉬기로 결심한 것은 엄마의 성화 때문이었다. 장사도 잘 안 되는데 뭐하러 하루 종일 길가의 먼지를 다 들이마시고 앉아 있느냐는 엄마의 핀잔을, 더 이상 듣기 싫었던 것이다.

"아침 먹고 가까운 곳에 놀러 갈까요?"

엄마가 수연이보다 더 들떠서 말했다.

"수연아, 텔레비전 좀 켜 봐라."

아빠는 괜스레 딴청을 부렸다. 수연이는 텔레비전을 켜고 뉴스를 틀었다.

"아빠, 뉴스 볼 거죠? 나는 아빠의 리모컨이라니까요."

"하하! 그래, 리모컨아, 고맙다."

마침 뉴스에서는 청계천에 관한 기사가 나오고 있었다. 청계 고가도로 철거 뒤의 계획에 관한 내용이었다. 누군지는 잘 모르겠지만 인터뷰에 응한 사람은 '청계 고가도로가 철거되면 청계천에는 맑은 물이 흐르고 많은 물고기가 살게 될 거라며, 사람들이 꼭 걷고 싶은 거리로 만들겠다'고 했다. 계획대로만 된다면 아주 근사할 것 같았다.

"아빠, 도대체 언제쯤 공사가 끝나는 거예요?"

"글쎄, 적어도 몇 년은 걸리겠지."

아빠는 입술을 꼭 깨물며 의미심장하게 대답했다.

"흠, 빨리 끝났으면 좋겠다."

수연이와 아빠는 두런두런 대화를 나누면서 밥을 먹었다.

"그러게 저런 걸 뭐하러 시작해? 으이구, 먹고살기도 힘들어 죽겠는데……."

엄마가 또 투덜거렸다.

"청계천을 살리면 서울도 제법 멋진 도시가 될 거라고 우리 선생님이 그러시던데……."

수연이가 웃으면서 말했다.

"시끄러워! 저것 때문에 아빠네 가게 손님이 뚝 끊겼잖아. 공사 끝나도 주변에 무슨 큰 빌딩이나 음식점 같은 데 아니면, 전망 좋은 그런 가게들이나 형편이 펴지지 헌책방들은 볼품만 없어지고 푸대접 받을 게 뻔해."

엄마의 목소리가 점점 더 커지는가 싶더니 아빠 눈치를 살피며 다시 수그러들었다.

"당신도 참, 그렇게 찬물이나 끼었을 거야? 기다려 봐, 좋은 날이 올 거야. 장사가 잘되는 때도 있고 안 되는 때도 있는 거지. 그리고 개인 가게 하나 운영 잘되는 것보다야 서울이 살기 좋은 도시로 바뀌는 게 더 좋은 일 아니야?"

아빠는 젓가락을 내려놓으면서 자리에서 일어났다.

"참, 애국자 나셨구려."

엄마는 눈을 흘기면서 계속 밥을 먹었다. 잠시 후 아빠가 옷을 갈아입고 나왔다.

"당신, 가게 나가려고요? 내가 잘못했으니 나가지 말아요."

엄마가 벌벌 떠는 시늉을 하며 말했다.

"자, 나갈 준비들이나 해."

아빠는 웃으면서 말했다.

"아빠, 어디 가려고요?"

"네 엄마가 놀러 가자고 노래를 부르잖니."

아빠의 말에 엄마와 수연이 모두 만세를 불렀다.

"만세! 야호!"

수연이네 가족은 오랜만에 어린이 공원에 갔다. 수연이가 유치원 다닐 적에 와 본 뒤로는 처음이었다. 동물들을 구경하는 일은, 애나 어른이나 할 것 없이 신이 나는 일인가 보다. 수연이네 가족은 코끼리, 얼룩말, 낙타, 원숭이, 호랑이 등 보이는 대로 발걸음을 옮기면서 재미있게 구경을 했다. 수연이는 아빠와 함께한다는 것이 더욱더 즐거웠다.

아빠는 사진도 많이 찍어 주고, 평소에는 절대 못 먹게 하던 아이스크림도 사 주셨다. 수연이네 가족은 놀이동산에서 놀이 기구도 실컷 탔다. 바이킹을 타면서 손을 꼭 잡은 아빠와 엄마의 모습은 그 어느 때보다도 사이가 좋아 보였다. 수연이의 기분은 최고였다.

늦은 점심을 먹고 나서 공원을 나왔다. 나오는 길목에 분수대가 있었는데, 동그란 중심 분수 둘레로 작은 물줄기가 뿜어져 나오는 기다란 모양의 분수들이 있는가 하면 물줄기가 터널처럼 하늘 위로 퍼져 나오는 분수도 있었다. 분수대 아래로 지나다니는 사람들은 물방울을 맞고도 아이처럼 마냥 즐거워했다. 수연이도 분수 사이로 들어가 차가운 물방울들을 맞으면서 한껏 폼을 잡고, 사진을 찍었다.

"아, 시원하다. 분수를 보니까 교수 아저씨 생각이 나네."

수연이가 아빠의 팔짱을 끼며 말했다.

"왜? 아저씨가 아이스크림 사 줬니?"

이번에는 엄마가 수연이에게 팔짱을 끼며 물었다.

"엄마는, 내가 무슨 어린애야? 그게 아니고, 그 아저씨가 탈레스라는 철학자 이야기를 해 줬거든."

"그건 또 누구야?"

엄마도 궁금한지 계속해서 물었다.

"세상에서 가장 처음 생긴 게 물이라고 생각했던 사람이래. 재미있지? 물이 사람보다도 먼저 태어났다니 말이야."

수연이가 잘난 체를 하면서 말했다.

"에구, 머리야…… 엄마는 그런 얘기는 재미없더라."

"물이 없으면 얼마나 불편할까? 그리고 사람은 물을 안 먹으면 죽잖아요. 그렇죠, 아빠?"

수연이가 놀이공원을 떠나기 아쉬운 듯, 분수대를 뒤돌아보면서 아빠에게 말했다.

"그래, 우리 수연이가 교수 아저씨랑 얘기를 나누더니 생각이 아주 깊어졌구나."

"전 원래부터 생각이 깊었다고요."

"아, 그랬구나. 하하!"

아빠와 엄마는 동시에 수연이의 엉덩이를 두드려 주었다. 집으로 돌아온 수연이는 공원에 다녀온 일을 일기장에 적었다. 그리고 인터넷에서 청계천에 대해 검색해 보았다. 청계천의 과거부터 현재까지의 정보들이 쭉 정리되어 있었는데 어려운 말이 많긴 했지만, 차근차근 읽다 보니 청계천에 대해 조금은 이해할 수 있게 되었다.

하지만 엄마도 그렇게 싫어하고, 그 일 때문에 자꾸 부부 싸움까지 하시는데 아빠는 왜 청계천이 마땅히 복원되어야 한다고 말씀

하시는 건지, 수연이는 솔직히 이해할 수 없었다. 물론 아빠 한 사람의 의견이 모든 일을 결정하는 것은 아니지만 말이다.

'물은 죽어 가는 생명도 살린단다. 사람들은 이토록 고마운 물을 소중히 여겨야 한단다.'

아빠의 말씀이 떠올랐다. 그런데 그게 청계천 복원과 무슨 관계가 있다는 건지…… 알 수 없었다.

'보기 싫다고 덮어 버릴 때는 언제고, 굳이 이제 와서 다시 만들려고 하는 이유는 뭘까? 어른들은 참 이상해. 너무 변덕스러워. 다음에 교수 아저씨를 만나면 물어봐야겠다. 히히!'

수연이는 이부자리에 누워 혼자 중얼거리다 잠이 들었다.

고대 그리스와 도시 국가

여러분은 혹시 도시 국가가 무엇인지 아시나요? 도시 국가란 도시 자체가 정치적으로 독립하여 국가를 이루었던 공동체를 말합니다. 그런데 왜 유독 고대 그리스에만 도시 국가가 있었을까요? 그 이유에 대해 그리스의 지형 때문이라고 말하는 사람들이 많습니다.

기원전 1300년경, 도리아인들이 그리스에 침입하기 전까지만 해도 미케네 왕국은 강한 힘을 앞세워 그리스를 한 나라로 통일시키려고 했습니다. 그러나 도리아인들의 침입으로 미케네가 멸망하면서, 통일 국가를 건설하고자 했던 그리스의 꿈은 무너지고 말았습니다.

미케네 왕국이 멸망하자, 그리스는 8세기부터 작은 나라들로 나뉘어 발전하기 시작했습니다. 산과 만으로 가로막힌 작은 나라들은 들판과 골짜기를 중심으로 계속해서 발전했습니다. 특히 에게해에는 많은 섬들이 흩어져 있었는데 섬에 사는 사람들은 그리스 반도로부터 멀리 떨어져 살았기 때문에, 섬 하나하나가 각각의 나라로 발전하기에 더없이 좋은 지리적 조건을 갖추고 있던 셈이지요.

이렇게 작은 나라들 하나하나가 경제나 정치적인 면에서 독립적인 생활을 영위하였으며, 정치적 단위로 독립한 국가 형태의 도시나 작은 나라들을 '폴리스', 즉 도시 국가라고 불렀습니다.

고대 그리스에는 이 같은 도시 국가가 100개도 넘게 있었는데, 이런 점을 미루어 볼 때 도시 국가의 면적이 아주 작았을 거라는 추측을 할 수 있습니다. 도시 국가에 살던 사람들은 주로 농사를 지어 생계를 꾸려 나갔습니다. 또한 도시 국가의 중심에는 험한 바위로 이루어진 천연의 요새가 있었는데, 고대 그리스 사람들은 이러한 도시의 중심을 '높은 도시'란 의미의 '아크로폴리스'라고 불렀습니다.

도시 국가라면 반드시 갖추고 있어야 할 것들이 있었습니다. 바로 신전과 '아고라'(시장) 그리고 음악 강당과 경기장입니다. 그런데 신에게 제사를 드리기 위해 만든 신전은 주로 아크로폴리스에 세워졌다고 합니다.

고대 그리스의 도시 국가의 발전은 역사적으로 세 시기로 나누어 볼 수 있습니다. 첫 번째 시기는 기원전 800년경부터 600년경까지로, 이 기간에 가장 많은 해외 식민지가 생겨났는데, 아이러니하게도 이때는 그리스 반도가 정치적으로 안정을 찾았던 시기이기도 합니다. 고대 그리스인들은 이러한 정치적 안정을 바탕으로 해외 식민지를 개척한 것입니다.

두 번째 시기는 기원전 600년경부터 400년경까지입니다. 이 시기는 고대 그리스 문화의 황금시대라고 불렸을 만큼 정치, 경제, 사회 등 국가의 모든 제도적 기틀을 마련했을 뿐만 아니라 고대 그리스의 유명한 철학자와 사상가 그리고 예술가들이 대부분 이 시기에 대어났습니다.

마지막으로 도시 국가의 세 번째 시기는, 기원전 400년 이후로 도시 국가의 쇠퇴기로 접어든 때입니다. 이 시기의 고대 그리스 도시 국가들은 더 이상 독립적인 국가를 꾸려 나갈 수가 없었습니다. 여기에는 많은 이유들이 있었으나 가장 큰 원인은 알렉산드로스 대왕이 마케도니아 제국을 완성했기 때문입니다. 결국 고대 그리스의 도시 국가들은 알렉산드로스 대왕의 통치 아래 사라지고 말았습니다.

탈레스는 고대 그리스 도시 국가의 황금기였던 두 번째 시기에 활동했던 철학자이며, 탈레스를 비롯한 그 이후의 많은 철학자와 사상가들이 그리스 황금시대를 이끌어 가게 됩니다.

물은 생명이다

 희망은 가난한 인간의 빵이다.

-탈레스

1 수연이의 화분

수연이는 집 근처 꽃집에서 발걸음을 딱 멈추었다. 햇볕이 좋아서인지 주인아주머니는 오늘따라 화분들을 많이 내놓았다. 물에 촉촉이 젖은 화분들은 저마다 매력적인 향기와 고운 빛깔을 뿜내면서 수연이의 발목을 붙들었다. 그중에서도 수연이의 시선이 오래도록 머문 것은 줄줄이 하트 모양의 이파리들을 늘어뜨린 조그마한 화분의 덩쿨 식물이었다.

"학생, 예쁘지? 이거 웬만해선 죽지도 않고 얼마나 빨리 잘 자라는지 몰라. 싸게 줄게, 하나 가져가."

아주머니가 수연이의 마음을 꿰뚫은 듯 말을 걸어 오셨다.

"얼마예요?"

"학생이니까 3천 원만 줘. 원래는 5천 원인데."

수연이는 지갑에 있는 돈을 몽땅 털어 화분을 샀다. 지난달에도 이 집에서 작은 선인장을 하나 샀지만, 얼마 안 가 말라 죽고 말았다. 엄마는 선인장을 말려 죽이는 사람은 아마 너밖에 없을 거라면서 수연이를 된통 혼냈지만, 수연이는 다시 한 번 잘 키워 보고 싶었다. 그래서 이번에는 물만 잘 주면 죽지 않는다는 화분을 골랐다.

'그래, 물만 잘 주면 절대 안 죽을 거야…… 내가 왜 그걸 몰랐지?'

수연이는 집으로 돌아와 자신의 방 창가에 화분을 놓고, 오후 내내 화분만 바라보았다. 푸르른 이파리들을 보고만 있어도 기분이 좋아졌다.

"너, 화분 또 샀니?"

엄마가 화분을 보자마자 수연이에게 화부터 냈다.

"엄마, 제발 한번만 봐 줘. 이번에는 진짜 잘 키울게, 응?"

애교 섞인 수연이의 말에 엄마도 화가 한풀 꺾이는 듯 보였다.

"그건 물을 자주 줘야 하는 거야. 물을 자주 안 줘도 되는 선인장도 말려 죽인 애가 대체 이건 어떻게 키우겠다는 건지…… 엄마는 상관 안 할 거다."

엄마는 팔짱을 낀 채 화분 따위에는 관심도 없다는 듯 말했다.

"걱정 마. 물만 잘 주면 되잖아."

수연이가 큰소리치자, 엄마는 수연이의 볼을 살짝 꼬집어 흔들었다.

다음 날, 수연이는 학교에 가자마자 집에서 찍은 화분 사진을 보여 주며 친구들에게 자랑했다.

"예쁘지?"

"응, 귀엽다. 이파리가 왜 이렇게 많아?"

미리가 물었다.

"원래 이런 거야. 엄청 잘 자란대. 물만 잘 주면……."

수연이는 우쭐해하며 굉장히 잘 아는 체했다.

"나도 하나 사야지. 어디서 샀니?"

영미가 건들거리면서 말했다.

"우리 동네 꽃집에서, 이따 같이 가 줄까?"

친구들이 모두 고개를 끄덕였다.

수업을 마치고 수연이는 영미, 미리와 함께 꽃집으로 가 어제 자신이 샀던 것과 똑같은 화분을 하나씩 샀다.

"이건 우리들의 우정의 증거야. 이 화분을 잘 못 키우는 사람은 우리의 우정을 배신하는 거야. 알았지?"

영미가 마치 명령이라도 하듯 대장처럼 말했지만, 수연이와 미리는 뭔가 대단한 비밀이 생긴 것처럼 즐거워했다.

"알았어, 물만 잘 주면 되는 거지?"

수연이가 미리의 어깨에 팔을 두르며 자신 있게 말했다. 수연이는 집으로 돌아오자마자 가방도 내려놓지 않고 이내 바가지에 물을 담아 와 화분에 물을 주었다. 아침에도 주었는데 말이다. 수연이는 숙제를 하다가도, 밥을 먹다가도, 잠자기 전에도 틈만 나면 화분에 물을 주었다. 아침마다 학교 가기 전에 꼭 한 번 화분에게 인사하듯 물을 주었다. 그렇게 일주일이 지났다.

"야, 내 화분 말라 죽었어. 우이씨."

학교에 갔더니 영미가 괜히 짜증을 부리며 말했다.

"뭐? 내 그럴 줄 알았다. 그렇게 자신만만해 하더니…… 그게 그렇게 쉬운 일이 아니라니까."

때를 놓치지 않고 수연이는 영미에게 핀잔를 주었다.

"내 건 아직 괜찮은데…… 우리 엄마가 그 화분은 물을 좋아한 다고 해서 하루에 두 번 정도 꼭 물을 줬거든."

옆에서 듣고 있던 미리가 차분하게 말했다.

'뭐? 하루에 두 번? 나는 매일 다섯 번이나 주는데…….'

수연이는 불안해지기 시작했다.

'너무 많이 줬나? 에잇, 말라 죽는 것보단 낫겠지, 뭐.'

수연이는 화분 걱정에 수업 끝나기가 무섭게 집으로 달음질쳤 다. 집에 도착하니 엄마는 거실에 누워 낮잠을 자고 있었다. 그런 데 방 안에 들어갔던 수연이가 놀라서 헐레벌떡 뛰어나왔다. 창가 에 놓아 두었던 화분이 없어지고 만 것이다.

"엄마!"

수연이가 누워 있는 엄마에게 다가가 소리를 버럭 질렀다.

"에구, 깜짝이야! 왜 그래?"

"내 화분, 어디 있어? 어디다 치웠어?"

수연이는 주위를 두리번거리며 애타게 화분을 찾았다.

"다짜고짜 성부터 내기는…… 그거 물을 너무 많이 줘서 뿌리가 썩어 죽었더라. 그래서 엄마가 버렸어."

하늘이 무너지는 것 같았다. 수연이는 눈앞이 깜깜해졌다.

"내가 얼마나 애지중지했는데…… 정말 썩어서 버린 거야? 엄마, 어디다 버렸어?"

"얘가 속고만 살았나…… 엄마도 못 믿니? 그러게 너무 화분 옆에만 붙어 있는다 했다."

안 그래도 속상한 수연이를 꾸짖는 엄마가 얄밉기만 했다.

"화분은 남았을 거 아니야, 보여 줘!"

엄마가 베란다에 있던 화분 하나를 수연이 앞에 가져다 줬다. 수연이의 화분이 맞았다. 흙 한 줌도 없는 텅 빈 화분을 본 수연이의 마음이 더할 수 없이 허전해졌다.

"그러게 물을 적당히 줬어야지. 얼마나 많이 준 거야?"

"잘 자라라고 그런 거지…… 저번에 선인장한테 너무 미안해서 이번엔 꼭 잘 키우고 싶었단 말이야. 물은 죽어 가는 생명도 살린다고 그랬는데…… 에이, 이게 뭐야."

수연이가 울먹였다.

"그래, 이러면서 배우는 거지, 뭐…… 다음엔 더 잘할 거야. 울지 마. 엄마가 다른 것으로 하나 더 사 줄게. 그러게 무턱대고 물만 퍼부으면 되겠니? 적당히 주고 잘 보살펴 줘야지."

엄마는 수연이를 포근히 안아 주었다. 수연이는 뭔지 모르게 억

울한 기분도 들고, 섭섭한 마음도 들었다. 자기 전에 얼마나 울었
는지, 아침에 일어나니 눈이 퉁퉁 부어 있었다. 수연이가 냉동실
에 숟가락을 얼려 두었다가 눈꺼풀에 여러 번 갖다 대자 조금 가
라앉는 듯했다. 학교에 간 수연이는 영미와 미리의 얼굴을 보기가
민망했다.

"나도 실패했어. 물을 너무 많이 줘서 죽어 버렸어."

"치, 너도? 그럼 그렇지."

영미는 비웃듯이 웃었고, 미리는 조금 안쓰러워했다.

"다음에 다시 잘 키워 보자. 이제 화분 키우는 거, 감 잡았어.
헤헤!"

수연이가 너스레를 떨었다. 셋은 쉬는 시간에 운동장으로 나갔
다. 요즘 다이어트에 들어갔다는 영미는 이렇게 틈만 나면 친구들
까지 대동하고 운동을 하려 했다. 그런데 갑자기 미리가 큰소리로
말했다.

"어머, 저 화분 좀 봐! 저거 교무실에 있던 벤자민 화분 아니야?"

"맞아, 그런데 왜 저렇게 시든 걸까?"

가까이 다가가 보니 수연이 키만 한 벤자민 화분이 삐삐 마른 채
허옇게 죽어 가고 있었다.

"선생님들도 참, 우리랑 다를 게 없네. 하하!"

영미가 선생님들 흉을 보았다.

"내가 가져갈래. 살려 보고 싶어."

비장한 각오라도 한 듯한 수연이의 말에 영미와 미리가 동그랗게 눈을 떴다. 화분의 크기가 너무 컸기 때문이다. 영미와 미리는 수연이를 말렸지만, 수연이가 강철 같은 고집을 부리는 바람에 결국 셋은 낑낑대면서 수연이네 집까지 화분을 끌고 왔다.

"휴…… 고마워, 내가 잘 키워 볼게."

"괜히 헛고생하는 거 아니야?"

영미가 땀을 닦으면서 말했다.

"정성껏 돌보면 살아날 거야. 이번엔 자신 있다고!"

화분을 끌고 들어온 수연이는 한차례 엄마에게 핀잔을 들었다. 그래도 수연이는 아랑곳하지 않고, 햇볕이 잘 드는 거실 한쪽에 벤자민 화분을 고이 모셔 두었다. 수연이는 반드시 벤자민을 살려 내겠다고 다짐했다.

"애가 요즘 화분 키우는 재미에 푹 빠졌나 보네."

엄마는 혀를 내둘렀다.

"잘했다, 한번 잘 키워 봐. 물은 곧 생명이란다."

아빠가 수연이에게 윙크를 하며 격려했다.

'물이 생명이라고?'

수연이는 아빠가 하신 말의 의미가 무엇인지, 알 듯 모를 듯 아리송했지만 어쨌든, 아빠의 응원에 기분이 좋아졌다.

2 물은 생명이다

수연이가 벤자민에 물을 주는 방법을 꽃집에 들러 물어보니, 위쪽의 흙이 마를 때쯤 해서, 아래 뿌리까지 충분히 젖을 만큼 물을 주면 된다고 했다. 수연이는 그 말을 깊이 새겨듣고, 물을 너무 자주 주지도, 너무 뜸하게 주지도 않고 정성껏 벤자민을 키웠다. 하지만 벤자민의 잎과 줄기가 워낙 허옇게 말라 있던 터라 쉽게 살아나지는 않았다.

그래도 수연이는 날마다 벤자민을 보고 또 보면서 거름을 주거나 영양제도 놓아 주었다. 심지어 엄마가 마시려고 타 놓은 녹차까지도 부어 보았다. 학교에서 돌아오면 벤자민을 돌보는 것이 수연이의 중요한 일상이 되었다.

그러던 어느 날이었다. 수업을 마친 수연이가 여느 날처럼 친구들과 재잘거리며 떡볶이를 먹고 집으로 돌아왔지만 집에는 아무도 없었다. 엄마는 반상회에 간다는 쪽지를 남겨 놓았다. 그런데 신발을 벗자마자 벤자민 화분으로 다가간 수연이는 깜짝 놀라고 말았다. 거실 한쪽에서 특별한 풍경이 벌어지고 있었기 때문이다. 죽어 가던 벤자민 화분에서 파릇파릇한 잎사귀 몇 장이 피어난 것이다. 새 이파리들을 다시는 볼 수 없을 거라고 생각했는데, 벤자민 줄기에서 거짓말처럼 여리고 싱그러운 새 잎이 돋아난 것이다.

"벤자민이 살아났다!"

수연이는 너무 기쁜 나머지 껑충껑충 뛰면서 소리를 질러 댔다. 그러다가 문득 아빠 얼굴이 떠올라 전화를 걸었다.

"아빠, 벤자민 화분이 살아났어요! 학교에서 돌아와 보니 새 이파리들이 돋아나 있는 거 있죠?"

수연이의 목소리가 바들바들 떨렸다.

"정말? 우리 수연이가 드디어 해냈구나. 아빠도 저녁에 집에 가서 한번 봐야겠다."

"아빠, 일찍 들어오셔야 해요. 알았죠?"

그때 엄마가 현관문을 열고 들어왔다.

"아빠, 끊어요."

수연이는 흥분한 상태로 엄마에게 달려갔다.

"엄마, 이리 와서 이것 좀 봐."

수연이가 신발도 벗지 않은 엄마의 손을 잡아끌었다.

"얘가 왜 이래?"

신발을 벗고 있던 엄마가 하마터면 넘어질 뻔했다.

"엄마, 벤자민이 살아났어! 새 이파리들이 자라났다고!"

기쁜 나머지 눈물까지 글썽이며 엄마에게 소리쳤다.

"정말이니?"

엄마는 화분 가까이로 다가가, 벤자민이 살아난 것을 확인했다.

"우아, 수연이 너 제법이다. 네가 죽어 가던 생명을 살렸구나."

엄마가 수연이를 부둥켜안았다.

"아니야, 내가 살린 게 아니라 물이 살린 거야. 나는 물 주고, 지켜본 일밖에 한 게 없어. 헤헤!"

수연이는 겸손하게 말했지만, 자기가 무슨 일인가를 해냈다는 생각에 가슴이 벅차올랐다.

'역시 물의 힘은 대단하구나. 물은 곧 생명이라는 말이 정말 맞는 것 같아!'

수연이가 이런 생각을 하고 있을 때 엄마가 말했다.

"물은 정말 중요한 건가 봐. 사람들뿐만 아니라 모든 생명체에 없어서는 안 될 존재잖니."

"맞아, 엄마. 많은 사람들이 반대하는데도 불구하고 청계천을 복원하는 이유는 바로, 그만큼 물이 소중하기 때문이겠지? 청계천에도 물이 흐르니…… 물, 물을 살려야 생명도 살리는 거 아니겠어? 하하!"

수연이가 '짝' 하고 손뼉을 쳤다.

"그건 그래, 엄마도 처음엔 아빠네 가게가 그냥 그렇게 망할까 봐 걱정이었는데, 청계천이 복원되고 나면 아빠 말대로 모두에게 좋은 일이 생길 것 같구나. 역시, 아빠가 옳았어."

수연이는 비로소 '물은 생명이다'라고 했던 아빠의 말이 가슴 깊이 와 닿았다.

'물은 죽어 가는 생명까지도 살리는 마법의 힘을 가지고 있다.'

수연이는 아빠가 왜 그토록 힘든 시간들을 견디면서까지 청계천 복원을 바라셨는지, 이제야 명확히 알 수 있을 것 같았다. 아빠도 지금 수연이가 느끼는 기쁨 같은 것을 맛보고 싶으셨던 것이다. 이날 밤 수연이는 잠도 자지 않고 오래오래 벤자민 나무를 바라보았다.

'화분에 주었던 물이 벤자민을 살린 것처럼, 맑아진 청계천도 공해에 찌든 서울을 살려 낼지 몰라.'

3 숨 쉬는 서울!

드디어 청계천이 복원되었다. 청계천에는 모두 스물두 개의 다리와 아홉 개의 분수가 생겨났다. 특히 터널 분수는 수연이 또래 아이들의 발걸음을 잡기에 충분했다.

수연이네 가족도 이날 개통식을 보기 위해 청계천으로 나갔다. 어디서 그렇게 많은 사람들이 나왔는지, 청계천 주변에는 온 국민이 다 모여든 것처럼 북적거렸다. 그래도 수연이는 마냥 신이 나기만 했다. 무엇보다도 멋진 터널 분수가 수연이의 마음에 쏙 들었다.

거대한 빌딩 숲 한가운데로 시골에서나 볼 수 있었던 맑은 냇물이 좔좔 흐르고 있었다. 수연이는 이렇게 길고 맑은 물줄기가 대체 어디서 뚝딱 생겨났나 싶었다. 연초록 빛깔의 푸른 풀들이 보기 좋게 심어져 있는가 하면, 형형색색의 꽃들은 구경 나온 사람들의 눈을 즐겁게 해 주었다. 그뿐만이 아니었다. 조각 같은 예술품들도 눈에 많이 띄었고, 다양한 모양의 분수들도 화려하게 물을 뿜어내고 있었다.

청계천이 시작되는 세종로에 조성된 청계 광장도 일품이었다. 삼색 조명의 분수와 폭포가 장관을 이루었다. 수연이의 입이 저절로 벌어졌다. 수연이는 디지털 카메라로 쉴 새 없이 사진을 찍었다. 이날만큼은 아빠와 엄마도 티격태격하지 않았다. 수연이는 오래 묵은 체증이 싹 내려가는 듯한 기분이 들었다.

창덕궁 후원의 옥류천을 형상화한 조형물도 신기하기만 했다. 수연이는 마치 작은 폭포처럼 생긴, 멋있는 옥류천이 맘에 들어 거기서만 다섯 장이 넘는 사진을 찍었다. 친구들에게 자랑하고 싶었기 때문이다. 다산교와 영도교 사이에 있는 빨래터는 엄마들에게 특히 인기가 좋았다. 수연이도 눈을 감으니 옛날 청계천에서 빨래하던 아낙네들의 모습이 떠오르는 듯했다. 옆에 서 있던 할머니들은 빨래터를 가리키면서 저마다 추억에 젖어 이야기를 나눴다.

아빠는 고산자교 하류에 있는 버들 습지에 이르자 오래도록 눈을 감고 서 있다가 갯버들, 매차기, 꽃버들 등 수생 식물들을 가리키면서 일일이 설명해 주셨다. 수연이는 물고기뿐만이 아닌 오리나 백로, 황조롱이를 만날 수 있게 된 것이 마냥 신기하고 좋았다.

"청계천에서 가장 생태적인 공간이군."

아빠가 혼잣말로 중얼거렸다.

"이런 역사적인 날에 이런 역사적인 곳에서, 우리 가족이 함께한다는 게 더 뿌듯해요."

기념사진을 찍고 나서 수연이가 말했다.

"우리 수연이가 6학년이 되더니 더 어른스러워졌네."

아빠가 수연이의 등을 토닥거렸다.

"그럼요, 이제 우리한테 깍듯하게 존댓말도 쓰잖아요. 우리 딸 최고!"

엄마도 수연이의 볼을 어루만지면서 기특해했다. 실제로 청계천 복원 공사가 진행되는 근 몇 년 동안, 수연이의 몸과 마음은 부쩍 자라났다. 이제는 부모님께 존댓말도 쓸 줄 아는 어엿한 꼬마 숙녀가 되어 가고 있었다.

 아직 더위가 채 가시지 않은 초가을 날, 청계천을 거니는 수연이의 가슴이 절로 시원해졌다. 숨통이 확 트이는 것만 같았다. 무엇보다도 수연이는 아빠의 헌책방 주변에 더 이상 먼지가 날릴 일이 없다는 게 기분 좋았다. 아빠는 가세에 다시 손님들이 점점 늘어나고 있다고 귀띔해 주었다.

 "청계천이 이렇게 바뀔 줄이야. 이곳에서 20년 가까이 장사를 하면서도 이런 날이 올 거라고는 상상도 못했는데……."

 아빠가 미소를 머금고 말했다.

 "공사 끝나고 나니 속이 다 시원하네요. 생각보다 훨씬 더 멋지고 근사하게 바뀌었어요."

 엄마도 행복한 얼굴로 청계천에 흐르는 물을 내려다보았다. 수연이는 청계천을 배경으로 부모님을 나란히 세운 뒤 사진을 찍어 주었다.

 "엄마 아빠, 이제부터는 싸우지 마세요. 다 잘될 거예요. 아빠네 책방도요."

 사진을 찍은 뒤 수연이네 가족은 청계천 복원 기념 시민 걷기대회에 참가했다. 그런데 수연이가 부모님의 손을 잡고 걷고 있을 때, 갑자기 어디선가 많이 본 듯한 아저씨의 뒷모습이 보였다. 가만 살펴보니 철학 교수 아저씨였다.

"아저씨!"

수연이는 반가운 마음에 아저씨의 옆구리를 푹 찔렀다.

"어이쿠, 수연이구나. 안 본 새에 많이 자랐네. 중학생이라고 해도 믿겠다. 허허!"

교수 아저씨가 땀을 닦으면서 말했다. 아저씨는 수연이의 부모님과도 인사를 나눴다.

"아저씨, 혼자 오셨어요?"

"응, 우리 같이 걸을까? 혼자 가니까 심심하네."

"네!"

수연이는 넉살 좋게 아저씨의 팔짱을 꼈고 이런 수연이의 모습을 본 엄마는 어이없다는 듯 웃었다.

"그런데 아저씨, 수학 숙제를 하다가 '탈레스의 법칙'이란 걸 봤거든요. 탈레스 법칙의 탈레스가 아저씨가 말한 그 탈레스 맞아요?"

"맞아, 탈레스는 수학에서도 중요한 몇 가지 법칙을 발견해서 이론을 만들었지. 언젠가 한번 얘기했던 것 같은데?"

"아, 맞다! 제가 깜박했어요."

"그러고 보면 탈레스는 참 재주가 많았어. 수학뿐만 아니라 천문학에도 능해서 별자리를 보고 날씨도 예측했거든. 한번은 밤하늘의 별자리를 보고 날씨를 미리 예측하고는, 밀레투스에 있는 올리브기름 짜는 기계를 몽땅 빌려서 돈을 왕창 벌었지."

"그게 무슨 말이에요?"

"날씨를 보고, 그해에는 올리브 농사가 풍년이 될 거라고 미리 예측한 거야. 그래서 탈레스는 기름을 짤 수 있는 기계란 기계는 죄다 빌려 놓았어. 그런데 올리브 농사가 풍년이 되자, 사람들은 올리브기름을 짜기 위해서 탈레스가 기계를 빌릴 때 치렀던 금액보다 훨씬 더 많은 돈을 주고 다시 탈레스에게 기계를 빌렸던 거야. 그래서 가난뱅이 탈레스는 부자가 되었단다."

"아무튼 재미있는 사람이네요, 히히!"

"그러다가 탈레스는 별자리도 발견한 거야. 요즘 우리도 별자리 운세 같은 거 많이 보잖니?"

아저씨가 하늘을 올려다보면서 말했다.

"별자리요? 우아, 내 별자리는 사자자리인데…… 탈레스는 정말 신기한 사람 같아요."

"아참, 탈레스는 또 거대한 피라미드의 높이를 잰 사람으로도 유명하단다."

아저씨가 물병에 든 물을 한 모금 마시며 말을 이었다.

"피라미드까지 올라갔나요?"

수연이의 눈이 휘둥그레졌다.

"그게 아니라 그림자를 이용해서 피라미드의 높이를 알아낸 거란다. 탈레스는 막대를 세운 뒤, 막대 그림자의 길이와 막대의 길이가 같아지는 시점의 피라미드 그림자의 길이가 바로 피라미드의 높이라는 주장을 했지. 물론 혼자만의 독창적인 아이디어라기보다는 여러 나라에서 배워 온 지식들을 정리하면서 발견한 사실이겠지만 말이야. 그래도 정말 영리하지 않니? 참, 탈레스에 관한 재미있는 일화가 하나 더 있는데, 얘기해 줄까?"

아저씨가 땀을 닦으며 말했다.

"네!"

"말을 잘 안 듣는 노새에 관한 일화인데, 사실인지 아닌지는

모르겠지만……."

"어디서 많이 들어 본 것 같은데요."

"그래, 너도 아는 이야기 같구나. 노새가 소금을 운반하기 위해 냇물을 지나갈 때, 물에 빠져서 소금을 다 녹게 했잖아. 탈레스는 이 나쁜 습관을 고쳐 주려고 한번은 이 노새에게 스펀지를 실어 준 거야. 그 다음은…… 알지?"

"네, 엄청 무거워졌잖아요. 그게 탈레스와 관련된 얘기였단 말이에요? 너무 신기해요! 친구들한테도 말해 줘야겠어요."

"그것 말고도 유명한 일화가 또 있단다. 하루는 탈레스가 별들을 관찰하다가 우물에 빠지고 말았는데, 옆에서 시녀가 깔깔대면서 웃는 거야. 왜 웃었을까?"

"탈레스가 우물에 빠져서 허우적거리는 모습이 재미있어서 그런 것 아닐까요?"

"아니, 탈레스가 항상 하늘만 탐구할 뿐 정작 자기 발 앞에 놓인 것에 대해서는 한번도 관심을 갖지 않았던 것이 우스꽝스러웠던 거지."

"아아, 탈레스는 세상 모든 일들에는 관심이 많았지만, 정작 자신을 포함한 주변 것들에 대해서는 관심이 없었던 거군요. 그리고 보면 상당히 모순된 이야기 같네요."

아저씨는 다리가 아픈지 잠시 나무 그늘 아래에 앉았다. 수연이
가 따라 앉자 부모님도 나무 그늘로 들어왔다.

"교수님은 정말 아는 것도 많으세요, 호호! 우리 수연이가 교수
님 덕분에 수학이랑 과학에 부쩍 관심이 많아졌어요. 성적도 껑충
올랐답니다."

엄마는 아저씨께 고맙다는 말을 여러 번 건넸다.

"엄마, 옛날 사람들은 태양신인 헬리오스가 마차를 타고 하늘로
올라갔다 내려오는 것이 태양신의 하루 일과라고 믿었대요. 그런
데 탈레스는 이 헬리오스의 태양 마차 이야기가 거짓이라고 처음
으로 주장한 사람이래요. 신기하지요?"

수연이가 손으로 부채질을 하며 말했다.

"그래? 탈레스는 무척이나 앞서 간 사람이었구나. 정말 칭송받
을 만하네."

엄마도 고개를 끄덕이며 맞장구쳤다. 수연이가 철학에 관심을
갖는 것이 대견스러웠다.

"탈레스는 칼데아 사람들로부터 과학을 배웠대요. 그때 일식과 월
식에 대해서도 배웠고, 주기적으로 나타난다는 것도 그때 알았대

요. 그래서 후일 밀레투스에서 있었던 일식도 예언할 수 있었고요."

수연이는 그동안 아저씨에게 배웠던 것을 엄마에게 설명해 주었다.

"우아, 우리 수연이 정말 보통이 아니네, 그래서?"

엄마가 수연이에게 바짝 붙으며 물었다.

"탈레스는 대낮에 태양이 갑자기 빛을 잃고, 난데없이 밤이 찾아올 거라고 예언을 했대요. 실제로 기원전 585년 5월 28일, 밀레투스에서는 일식이 있었어요. 탈레스는 바빌로니아의 천문학적 지식에 의해 예언을 한 것이었는데 처음에 사람들은 이런 탈레스를 보고 미쳤다고 했지요. 그런데 정말로 이날 낮이 되자 차츰 어두워지더니 마침내 빛이 완전히 사라지고 캄캄한 밤이 된 거예요. 하늘에서는 별이 반짝거렸고요. 사람들은 깜짝 놀라서 그가 예언자가 아닐까 하고 생각했고요."

수연이가 말을 하다 말고 깜짝 놀라는 시늉을 했다. 엄마가 까르르 웃었다.

"그날 리디아와 메디아라는 두 나라가 전쟁을 하고 있었는데, 일식을 지켜본 두 나라의 장군들은 자기들이 오랫동안 전쟁을 해서 신의 노여움을 산 것이 틀림없다며 싸움을 그만두고 각자 자기네 나라로 되돌아갔다는구나."

교수 아저씨가 덧붙여 설명을 해 주었다.

"정말요? 재밌네요, 호호!"

이제는 엄마도 탈레스에 대해 관심이 많아진 모양이다.

"탈레스 이전에는 우주에 관한 설명을 신화로만 했는데, 탈레스는 처음으로 태양의 궤도를 규정하고 태양과 달의 크기에 대한 해석을 과학적인 방법으로 접근해 설명했지. 또한 1년이 365일이라는 사실도 발견해 냈고."

교수 아저씨가 계속 설명해 주었다.

"와, 탈레스는 천재인가 봐요, 저처럼요. 히히!"

수연이가 어깨를 으쓱이며 말하자 모두가 한바탕 웃었다.

"우리 수연이…… 뭔가 큰 인물이 될 것 같지 않소?"

아빠가 엄마의 손을 슬그머니 잡았다.

"다 나를 닮아서 그렇지요, 뭐."

엄마가 씨익 웃으면서 말했다.

"뭐요? 하하! 그렇다고 해 둡시다."

엄마와 아빠는 한참을 마주 보고 웃었다.

청계천 복원은 이렇게 수연이네 가족에게도 축복이었다.

탈레스의 천문학적 지식

　여러분들은 고대 그리스보다 문명이나 문화가 앞선 나라가 어디라고 생각하시나요? 탈레스는 고대 그리스보다 문명이 앞선 나라는 이집트와 지금의 이라크 지역인 칼데아 지방이라고 생각했습니다.

　여러분들이 우리나라보다 문화나 문명이 앞선 나라로 유학을 가는 것처럼 탈레스도 당시 고대 그리스보다 문화가 앞선 이집트와 칼데아 지방에서 유학하였습니다. 그는 그곳에서 새로운 학문을 배웠습니다.

　탈레스가 유학을 가서 배웠던 대표적인 학문은 천문학, 기하학, 수학 등입니다. 칼데아 지방을 여행한 탈레스는 그곳에서 별자리에 관한 많은 지식을 얻었습니다. 여기서 습득한 탈레스의 별자리에 관한 지식을 우리는 '탈레스의 천문학적 지식'이라고 부릅니다. 당시 탈레스가 알아냈던 천문학적 지식은 최소한 세 가지로 알려져 있습니다.

　첫 번째는 별자리를 관찰하여 올리브 농사의 풍년을 예측한 것입니다. 고대 그리스 사회에서 가장 중요한 농사는 바로 올리브 농사였습니다. 당시의 사람들은 올리브기름을 팔아서 여타의 생필품을 마련했기 때문입니다. 그렇기 때문에 올리브 농사의 풍년은 곧 나라 전체에 풍요로움을 가져다주었습니다.

별자리를 연구하던 탈레스는 다음 해에 올리브 농사가 풍년이 될 것이라는 사실을 알고, 겨울 동안 밀레투스 지역에 있는 올리브기름 짜는 기계의 대부분을 돈을 주고 빌려 왔습니다. 밀레투스에 살던 사람들은 탈레스를 비웃었지만 탈레스는 다른 사람들이 어떻게 생각하든 상관하지 않고 계속해서 더 많은 기계를 빌려 왔습니다.

그리고 탈레스의 예상대로 다음 해 올리브 농사는 풍년이 되습니다. 하지만 사람들은 올리브기름을 짜는 기계가 없었기 때문에 기름을 짤 수가 없었습니다. 결국 그들은 탈레스를 찾아와 많은 돈을 주고 다시 기계를 빌릴 수밖에 없었습니다. 이렇게 해서 탈레스는 밀레투스에서뿐 아니라 고대 그리스의 많은 도시 국가에서 유명한 사람이 되었습니다.

탈레스의 두 번째 천문학적 지식은 일식에 관한 것입니다. 현대 과학자들은 기원전 585년 5월 28일 밀레투스 지방에 개기 일식이 있었다는 사실을 밝혀냈는데, 탈레스가 바로 이 일식을 예언했던 것입니다. 탈레스는 칼데아 지방에서 유학할 당시 일식에 관한 지식을 배웠습니다.

일식의 주기가 대강 얼마인지 여러분도 잘 아시죠? 그렇습니다. 거의 90년 주기입니다. 탈레스는 이러한 정보를 미리 칼데아 지방에서 듣고 밀레투스로 돌아와, 기원전 585년경 일식이 일어날 것이라고 주장했습니다. 물론 그것이 개기 일식인 줄은 탈레스 자신도 몰랐겠지요. 하늘이 갑자기 어두워지고 모든 사람들이 놀라서 어쩔 줄 몰라 했겠지요. 그리고 사람들은 탈레스의 예언이 맞았다고 생각했겠지요.

이 두 가지 사건으로 인해 탈레스는 유명한 사람이 되었습니다. 이렇게 유명세를 탄 탈레스는 곧이어 세 번째 천문학적인 지식을 발휘했습니다. 그것은 바로 곰자리의 발견이었습니다. 당시의 어부들은 자신들의 경험만을 믿고 바다로 나가 고기를 잡았는데 탈레스가 곰자리를 발견한 이후부터는 어부들의 항해에 큰 도움이 되었습니다. 탈레스의 곰자리 발견으로 인해 덕을 본 사람이 어부뿐만은 아니겠지요. 항해를 하는 많은 사람들에게는 물론, 항해술의 발전에도 많은 영향을 끼쳤답니다.

그런데 철학과 과학이라는 말은 대체 언제부터 생겨났을까요? 여러분, 궁금하지 않으세요? 철학이란 말은 기원전 550년경에 처음으로 사용된 반면 과학이라는 용어는 그보다 훨씬 뒤에 쓰였습니다. 탈레스는 기원전 7세기 후반 무렵에 태어난 사람이기 때문에 탈레스의 철학적인 사고나 과학적인 생각을, 당대 사람들은 철학이나 과학이라고 부르진 않았습니다. 대신에 고대인들은 탈레스가 말했던 모든 천문학적인 지식을 '예언'이라고 했습니다. 그래서 탈레스는 밀레투스의 예언자로 알려졌습니다. 그러나 탈레스는 결코 예언자가 아니었습니다. 천문학적 지식을 바탕으로 정확하게 하늘의 별자리를 관찰하여, 과학적 사고를 발휘한 최초의 철학자라고 할 수 있습니다.

3

달라진 도시

 자신을 아는 일이 가장 어렵고, 다른 사람에게 충고하는 일이 가장 쉽다.

-탈레스

1 헌책방의 부활

청계천 복원 공사가 시작되기도 전부터 청계천 주변의 상인들은 교통 체증이 더 심각해져서, 영업에 많은 손해를 보게 될 거라며 거세게 반발했었다. 아빠는 아무런 입장도 드러내지 않았지만, 많은 상인들이 대책위원회를 구성하거나 격렬한 시위를 벌이기도 했다.

특히 노점상들은 청계천이 복원되고 나면 일자리를 잃거나 생계를 잇지 못하는 어려움에 처할 거라면서 반대하기도 했다. 그래서 서울시에서는 동대문운동장 근처에 노점상들을 위한 자리를 내주었고, 많은 노점상들이 그곳에 모여 장사를 하면서부터 이제는 노점상 거리가 서울을 대표하는 하나의 풍물 시장이 되었다.

"아빠, 그런데 동대문운동장이 없어질지도 모른대요. 재개발을 할 거라던데요."

뉴스를 본 수연이가 걱정스럽게 말했다.

"너도 뉴스 봤구나. 아빠도 걱정이야. 골동품을 파는 아빠 친구, 정식이 아저씨도 청계천 복원 공사 때부터 동대문운동장으로 들어가서 줄곧 장사를 하고 있었거든. 그런데 요즘 또 동대문운동장 개발 계획이 발표돼서 아저씨가 걱정을 많이 하더구나. 어서 빨리 협상이 잘돼서 좋은 대책이 마련돼야 할 텐데…… 이런 일은 높은 사람들이 맘대로 결정하기보다는 해당 구역 상인들이나 시민들에게 먼저 의견을 묻고 협조를 구하는 것이 중요하단다."

아빠는 마치 자신의 일처럼 걱정했다. 수연이도 모든 시민들이 마음 놓고 살 수 있는 날이 오기를 마음속으로 바랐다. 많은 우여곡절 끝에 청계천이 복원되자 서울 시민은 물론 전국 방방곡곡에서 청계천을 보기 위해 사람들이 몰려들었다. 밤낮 할 것 없이 청계천 주변에는 데이트를 즐기는 사람들, 가족과 함께 소풍 나온 사람들, 견학 온 학생들 등 많은 사람들로 인해 날마다 시끌벅적했다.

아빠의 헌책방 주변에도 청계천 복원 이전보다 훨씬 더 많은 사람들이 찾아들었다. 헌책방들은 예전보다 많이 줄어들었지만, 그래도 헌책방 거리는 여전히 단골손님들이 아끼는 서울의 명소였다. 아빠와 엄마의 얼굴에도 활기가 묻어났다.

단골손님들은 물론 서울을 찾아온 외국 관광객들도 아빠의 헌책방을 한번씩 들러 갔다. 책을 잘 읽지 않던 젊은이들도 청계천을 구경하러 왔다가 아빠의 헌책방을 한번씩 기웃거렸다.

수연이는 요즘 부쩍 아빠 가게에 더 자주 나와 청소나 책 정리를 도와주었다. 사실 도와준다기보다는 가게에 오는 여러 손님들과 책에 관한 이야기를 하는 것이었다. 수연이는 이런 일들이 즐거웠다. 그리고 어느새 수연이는 아빠만큼 키가 자라 있었다. 수연이가 가게에 자주 나오다 보니 단골손님들과도 친구가 되었다. 그중 교수 아저씨는 수연이에게 단연 으뜸가는 친구였다. 그리고 또 한 명, 바로 주혁이라는 고등학생 오빠가 있었는데 사춘기에 접어든 수연이는 주혁이 오빠를 남몰래 좋아하게 됐다.

책방 주인 딸인 수연이는, 책을 사랑하는 주혁이 오빠의 모습이

가장 맘에 들었다. 주혁이 오빠는 공부도 잘했다. 수연이는 철학과에 가고 싶다는 주혁이 오빠가 교수 아저씨가 있는 대학교에 입학했으면 좋겠다고 생각했다. 자기가 좋아하는 사람들끼리 더욱 가까워지는 게 수연이는 좋았다.

수연이가 책방에서 먼지를 털고 있을 때 주혁이 오빠가 들어왔다. 오빠는 한번 가게에 오면 적어도 3시간 이상 책을 보다가 간다. 그럴 때면 수연이는 오빠 곁에 달라붙어서 이런저런 이야기를 하곤 한다.

"수연아, 너는 내가 아는 초등학생 중에 가장 말이 잘 통하는 동생이야."

주혁이 오빠가 자주 하는 말이었다.

"뭘, 그 정도 가지고……."

수연이의 볼이 발그레해졌다.

"이 책, 읽어 봤니? 좀 어려운 책이긴 한데……."

오빠가 내민 책은 《카오스》라는 책이었다. 처음 보는 책으로 무척이나 두꺼웠다.

"나도 몇 번 읽었지만 잘 이해가 안 되더라. 그렇지만 이것 한 가지만큼은 알 수 있어. 카오스란, 모든 것이 함께 뒤섞여 있는, 거

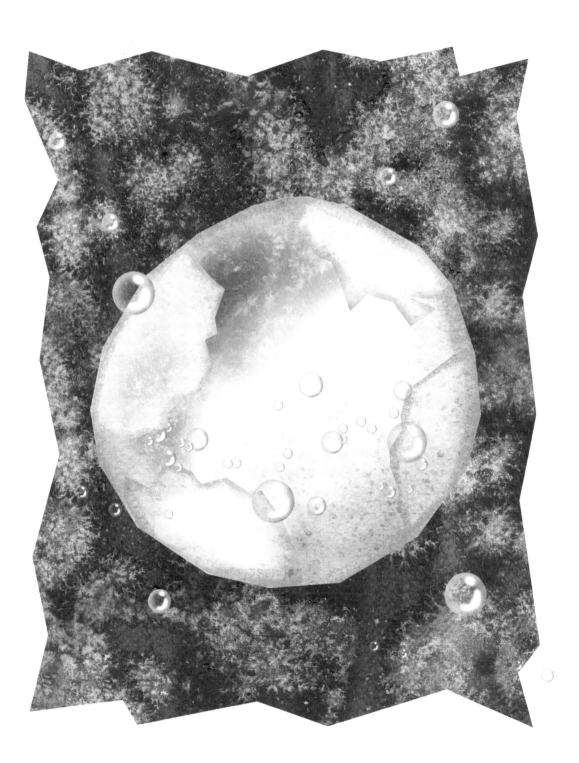

대한 우주같이 혼란한 상태라는 거지!"

수연이는 도무지 오빠의 말을 이해할 수 없었지만 그렇게 어려운 책을 읽는 오빠의 모습이 더욱 멋져 보이기만 했다. 오빠가 들려주는 그리스 신화에 따르면, 세상이 생기기 훨씬 이전부터 모든 것은 카오스 상태에 있었는데 거기서 최초의 신인 '기이아'가 대어났다고 한다. 그런 오빠의 설명을 듣다 보니, 교수 아저씨가 해 주었던 말들이 생각났다.

"오빠, 그런데 탈레스라는 철학자는 그리스 신화를 거짓말이라고 생각했대."

"왜? 그럼, 어떻게 천지창조가 되었다고 생각했대?"

오빠가 수연이의 말에 귀를 쫑긋 세웠다.

"그게 뭐라더라…… 맞다, 아르케! 탈레스는 아르케에 대해 말했다고 했어."

"아르케? 어디서 많이 들어 본 것 같은데…… 그게 뭔데?"

"아르케는 우리말로 '근원'이라는 뜻이야. 탈레스는 이 세상의 근원, 그러니까 이 세상의 아르케는 물이라고 했어."

"물? 그럴듯한데! 그런데 넌 정말 아는 게 많구나."

주혁이 오빠의 눈빛이 부드럽게 빛나고 있었다.

"그냥 어깨너머로 들은 것들이야. 대신 오빠는 책을 많이 읽잖아."

이렇게 말하며 수연이의 얼굴이 다시 붉어졌다.

"우리 아버지한테 비슷한 얘기를 들은 것 같아. 나도 아버지께 다시 여쭤 봐야겠다. 수연아, 우리 아이스크림 먹으러 갈까?"

"야호!"

수연이는 오빠와 함께 걸어 나오는 헌책방 골목길이 그 어느 때보다 낭만적으로 느껴졌다.

2 청계천아, 놀자!

수연이네 반 아이들은 틈만 나면 청계천으로 가서 놀았다. 그 전에는 마땅히 놀 곳이 없어서 동네 놀이터에 삼삼오오 모여 놀곤 했는데, 요즘은 무조건 청계천으로 직행이다.

마침 오늘은 오전 수업밖에 없는 날이어서 수연이도 친구들과 함께 청계천에 갔다. 집보다 학교에서 오히려 청계천이 더 가까워 걸어가기로 했다. 버스로는 네 정거장쯤 됐다. 평일이라 사람들이 그리 많지는 않았지만 운동하러 나온 어른들은 꽤 많았다. 지난번에는 자세히 못 봤는데 오늘 보니 청계천에는 제법 큰 잉어들이 헤엄을 치고 있었다.

"우아, 정말 크다."

미리가 신기하다는 듯 손가락으로 잉어들을 가리키며 말했다.

"한 접시도 안 되겠네."

왈가닥 소녀 영미가 우스꽝스러운 표정을 지으며 말했다.

"무슨 말이야?"

순진한 미리가 물었다.

"회로 뜨면 한 접시도 안 되겠다고!"

영미가 대답하자, 수연이와 미리는 영미의 어깨와 등을 탁탁 가볍게 때렸다.

"그만해, 농담이야. 우리, 사진 찍자."

영미가 가져온 카메라폰으로 셋은 한참 사진을 찍었다. 수연이는 청계천이 너무나 좋았다. 그전에는 좁고 복잡하며 시끄러운 곳으로만 알았는데, 이렇게 물이 흐르고 새가 지저귀는 걸 보니 정말 딴 세상에 온 것만 같았다. 그런 곳에서 아빠가 일하신다고 생각하니 기분이 더욱 좋아졌다.

"여기서 우리 아빠 책방 무지 가깝다."

수연이가 자랑하듯 말했다.

"정말? 우리 좀 데려가라, 구경 가자."

영미가 대뜸 물고 늘어졌다.

"난 일찍 가 봐야 하는데……."

미리는 학원에 가 봐야 한다며 뭉그적거렸다.

"그럼 잠깐 인사나 하고 가지, 뭐. 따라와."

수연이가 못 이기는 척, 미리와 영미를 데리고 아빠네 책방으로 향했다.

"안녕하세요!"

아이들이 큰소리로 인사하자 아빠는 수연이 친구들을 반갑게 맞아 주셨다. 수연이는 아빠에게 살짝 윙크를 날렸다.

"마침 심심하고 따분하던 참이었는데, 너희들이 와 주었구나."

아빠가 땅콩강정을 쟁반에 내오면서 말했다. 한참을 밖에서 돌아다니느라 허기졌던 아이들이 허겁지겁 강정을 먹었다.

"수연아, 오늘 주혁이 다녀갔다."

"어, 언제요?"

"조금 전에, 오늘은 개교기념일이라서 학교 안 갔대. 아마, 지금도 이 근처에 있을 텐데…… 이따가 심심하면 또 들른다고 하더라."

아빠가 다정하게 일러 주셨다. 아빠도 주혁이 오빠를 괜찮게 생각하는 게 틀림없다.

"나 그럼, 오빠 올 때까지 오래오래 놀다 갈래요."

한껏 들뜬 수연이가 눈에 힘을 주면서 말했다.

"주혁이 오빠가 누군데?"

영미와 미리가 눈을 동그랗게 뜨고 동시에 물었다.

"내 남자 친구!"

"에이⋯⋯."

수연이가 진짜인 양 말했지만 아무도 믿어 주지 않았다.

"그래, 그래. 그냥 아는 오빠다, 치."

"잘생겼어?"

영미가 비밀이라도 속삭이는 듯 수연이 앞으로 다가오면서 조용히 물었다.

"현빈처럼 생겼어. 하하! 농담이고, 난 오빠가 똑똑해서 좋아. 맞죠, 아빠?"

아빠는 관심 없다는 듯 피식 웃더니 가게 안쪽으로 걸어 들어갔다.

"나도 기다릴래. 궁금해서 못 참겠어."

"나도 오늘은 학원 안 갈래."

영미가 기다린다고 하자 미리도 덩달아 가게에 남겠다고 했다. 수연이는 은근히 기분이 좋았다. 혼자서만 좋아하는 오빠였지만 얼마나 멋진 사람인지 친구들에게 보여 주고 싶었다. 그런데 아무리 기다려도 주혁이 오빠는 나타나지 않았다. 다른 손님들만 분주히 왔다가는 이내 가 버리곤 했다.

"어서 오세요!"

아빠가 갑자기 큰소리로 손님을 맞았다. 좁은 책방 안에서 노는 것에 지쳐 있던 아이들이 일제히 고개를 돌렸다.

교수 아저씨였다.

"아저씨, 안녕하세요?"

수연이가 반갑게 아저씨께 인사했다. 영미와 미리도 서로 힐끔거리더니 마지못해 인사했다.

"오늘은 꼬마 아가씨가 셋이나 있네. 허허!"

아저씨가 허리를 굽혀 아이들을 찬찬히 쳐다보았다. 아이들은 수염이 덥수룩한 아저씨의 모습이 왠지 모르게 친근했다.

"아저씨, 기다리는 사람은 따로 있는데 아저씨가 오면 어떡해요?"

수연이가 삐친 척하면서 아저씨에게 농담을 던졌다.

"미안! 오늘은 이 아저씨가 여기서 우리 아들을 만나기로 했거든."

"아들이요? 아저씨, 결혼했어요?"

영미가 끼어들었다.

"그럼, 내가 나이가 몇인데 아직까지 결혼을 안 했겠니?"

아저씨가 영미를 바라보면서 말하자 영미가 혀를 쏙 내밀면서 짓궂게 말했다.

"안 한 게 아니라…… 못하셨을 것 같아서요."

영미의 농담 실력은 수연이보다 한 수 위였다. 아저씨가 헛기침을 하면서 짐짓 당황스러운 표정을 지었다. 그때 누군가의 발소리가 들렸다.

"아버지."

"우리 아들 왔구나."

아저씨가 두 팔을 번쩍 들어 아들을 반겼다.

수연이는 두 눈이 휘둥그레질 수밖에 없었다. 교수 아저씨의 아들은 다름 아닌 주혁이 오빠였기 때문이다.

"오빠! 아저씨!"

수연이는 두 사람을 번갈아 보며 더 이상 말을 잇지 못했다.

"너희 아는 사이냐?"

아저씨가 오빠에게 물었다.

자초지종을 들은 아저씨와 아빠는 한참 동안을 껄껄대며 웃기만 했다. 주혁이 오빠와 수연이도 수줍은 듯, 서로 마주 본 채 미소를 지었다. 영미와 미리는 뭐가 뭔지 모르겠다는 듯 히죽히죽 웃었다.

"어떻게 된 일인지 이제 대충 알았으니까, 다들 그만 나가 주시죠. 안 그래도 좁아터진 책방에 이렇게 많은 사람들이 복작거리고 있으니 누가 들어오고 싶겠소?"

아빠가 수연이부터 한 사람씩 가게 밖으로 몰아냈다.

"안녕히 계세요."

아이들이 인사하자 교수 아저씨가 말했다.

"그럼, 이것도 인연인데 우리 어디 가서 콜라나 한 잔씩 할까?"

교수 아저씨는 가까운 곳에 있는 패스트푸드점으로 모두를 데리고 갔다. 3층이라서 그런지 청계천이 잘 내려다보였다. 청계천에는 아까보다 더 많은 사람들이 모여들었다.

"아버지, 그런데 아까 저기까지 걸어갔다 올 때 산책로에서 올라오는데 경사로가 안 보여서 얼마나 돌아왔는지 몰라요. 사실은 화장실이 무척 급했거든요. 화장실도 어디에 있는지 잘 모르겠고요."

주혁이 오빠가 이마의 땀을 닦는 시늉을 하면서 말했다.

"맞아, 아직까지는 편의 시설이 너무 부족해. 비가 많이 오면 산책로가 물에 잠길 수도 있어서 편의 시설을 많이 만들기는 어렵다고 하더구나. 하지만 장애인이나 노약자들이 이용하기에 불편이 없으려면 지금 상태로는 곤란하다는 게 아빠 생각이란다."

"맞아요, 그리고 저번에는 할머니 한 분이 아래로 떨어지면서 크게 다쳤다면서요? 너무 끔찍한 일이에요. 이렇게 아름다운 공원에서 사람이 다치거나 죽는다면, 차라리 공원을 안 만드느니만 못한 거잖아요."

수연이도 제법 어른스럽게 한마디 거들었다. 영미와 미리도 고개를 끄덕이며 맞장구를 쳤다.

"아저씨는 바빠서 이만 빠질 테니 주혁이랑 더 놀다 가거라."

"정말요? 고맙습니다."

수연이의 농담에 모두들 크게 웃었다.

아저씨는 학교 연구실로 돌아갔고 수연이를 비롯한 친구들과 주혁이 오빠는 청계천을 따라 한없이 걸었다. 걷다 보니 수연이네 학교 근처가 나왔고 주혁이 오빠와는 그곳에서 헤어졌다.

"다음에 또 보자."

씩씩하게 걸어가는 주혁이 오빠의 뒷모습에 셋은 잠시 할 말을 잃고 말았다.

"수연아, 저 오빠 진짜 괜찮다. 얼른 커서 저 오빠랑 사귀어라."

미리가 조심스럽게 말했다.

"커서 사귀긴 뭘 커서 사귀냐. 지금부터 사귀어 봐."

영미가 부채질을 했다.

수연이의 얼굴이 후끈 달아올랐다.

"됐어, 그냥 우리 아빠네 가게 단골손님이니까 친하게 지내는 것뿐이야."

시치미를 떼는 수연이에게 영미와 미리가 간지럼을 태웠다.

"아아아, 하지 마, 히히히!"

3 물고기의 떼죽음

"세상에나 저게 웬일이니?"

엄마가 방을 쓸다 말고 소리를 버럭 질렀다. 엎드려서 숙제를 하고 있던 수연이가 얼른 고개를 들었다. 텔레비전에는 수십 마리의 물고기들이 떼죽음 당한 사진이 나오고 있었다.

"저게 어디예요?"

수연이가 입을 다물지 못한 채 엄마에게 물었다. 그런데 물고기들이 불쌍하게 죽어 간 곳은, 다름 아닌 청계천이었다. 수연이는 엄마보다 더 큰 충격을 받았다.

"엄마, 왜 저렇게 된 거예요?"

"가만, 들어 보자."

뉴스를 듣자 하니, 물고기들이 떼죽음 당한 곳은 청계천 하류 지역인 고산자교였는데 그 이유는, 비가 많이 내리는 바람에 청계천으로 생활하수가 흘러 들어왔기 때문이라고 했다. 그래서 앞으로도 집중 호우가 내릴 때는, 물고기들의 안전을 보장할 수 없다는 내용이었다. 대책을 마련해야 한다는 아나운서를 비롯한 여러 전문가들의 말이 이어졌다.

"엄마, 저렇게 되리라는 것을 미리 예상하지 못한 걸까요?"

수연이가 고개를 살래살래 저으며 말했다.

"그러게 말이다. 괜히 물고기들만 안됐지, 뭐냐. 잘못은 다 사람들이 했는데 엉뚱한 물고기들만 죽었으니……."

엄마와 수연이는 어느새 손을 맞잡고 물고기들을 걱정하고 있었다. 그때 문을 열고 아빠가 들어왔다.

"일찍 오네요, 저녁은요?"

엄마가 벌떡 일어났다.

"먹었지, 그런데 왜 그렇게 둘이서 손을 꼭 붙들고 있는 거야?"

아빠가 양말을 벗으면서 물었다.

"아빠, 청계천에서 수십 마리의 물고기들이 떼죽음을 당했대요. 지난주에 제가 청계천에서 봤던 물고기일 수도 있고, 제가 찍은 사진에 찍힌 물고기일 수도 있잖아요. 너무 불쌍해요."

수연이가 우울한 눈빛으로 말했다.

"저런! 쯧쯧, 앞으로도 비 올 때마다 저러면 안 될 텐데…… 뭔가 대책을 세우겠지. 너무 걱정 마라."

아빠가 수연이의 등을 토닥거렸다.

"소 잃고 외양간 고치면 뭐해요? 어른들은 꼭 저러더라."

수연이가 울분에 차서 소리쳤다.

저녁을 먹은 뒤 수연이는 청계천 물고기들이 떼죽음을 당한 이야기를 일기장에 썼다. 아직도 그 장면이 머릿속에 선연히 남아 있었다. 수연이는 마치 자기가 기르던 물고기가 죽은 것처럼 가슴이 아팠다. 그만큼 요즘 수연이에게는 청계천이라는 곳이 소중했다.

다음 날 학교에 가니 수연이네 반 아이들도 어제의 그 물고기 사건으로 떠들썩했다. 그걸 보고 울었다는 아이들도 많았다. 그건 수연이도 마찬가지였다.

"아무래도 우리가 모여 어린이 환경 감시단이라도 만들어야겠어. 이번 일도 처음에 목격한 사람이 신고했는데도 서둘러 조치를 취하지 않고, 관계 기관끼리 서로 책임을 미루는 바람에 일이 더 커진 거래. 우리 할아버지가 그랬어."

반장 태일이가 말했다.

"어린이 환경 감시단?"

"그게 뭔데?"

아이들이 웅성거리며 모여들었다.

"우리끼리 조를 만들어서 한 달에 한 번씩이라도 청계천을 감시하러 가는 거야. 어때?"

태일이가 힘주어 말했다.

"지금도 허구한 날 놀러 가잖아. 하하!"

장난꾸러기 규정이가 말했다.

"그냥 놀러 가는 것 말고, 청계천의 환경을 감시하자는 거지. 누군가 환경을 더럽히거나 망가뜨리는 사람이 있는지, 자연재해가 일어날 것 같지는 않은지, 평소에 미리미리 살펴보자는 거야."

태일이가 모두를 바라보면서 진지하게 말했다.

"우리가 그런 걸 할 수 있을까?"

"그런 건 아무나 해도 되는 거야? 우리 같은 어린이들이 해도 돼? 괜히 쓸데없는 짓 한다고 어른들한테 혼만 나는 거 아니야?"

수연이가 걱정스러운 듯 고개를 갸웃거리며 물었다.

"선생님과 의논해 보자. 내가 여쭤 볼게."

태일이가 다부지게 주먹을 쥐어 보이며 말했다.

"좋아, 역시 반장이야."

"반장이 반장다워야 반장이지. 헤헤!"

든든한 태일이의 말에 모두들 기쁜 마음으로 박수를 쳤다. 반장이 미리 말씀을 드렸는지 선생님은 과학 시간에 환경 감시단에 관한 이야기를 꺼냈다.

"너희가 오랜만에 아주 기특한 생각을 했구나. 우리 학교가 청계천에서 가장 가까운 편에 속하니까, 이런 일을 한다고 하면 누구나 환영할 거야. 너희들이 그렇게 기특한 생각을 했다니…… 정말 기쁘구나. 아마 특별히 안 될 이유는 없을 거다. 너희가 일종의 봉사 활동으로 여기고 해 준다면 모두에게 좋은 일이 될 거야. 너무 어렵게 생각하지 말고 정기적으로 청계천에 나가서 주변 환경 조사하면서 공부도 하고, 감시도 하면, 그러면 좋겠구나."

선생님이 아주 흐뭇한 얼굴로 말씀하셨다.

"선생님이 허락하셨으니까 이제 조를 짜는 일만 남았네. 우선 각자 친한 사람끼리 원하는 조를 만들어서 얘기해 줘. 다음 주부터 시작하도록 하자. 어때?"

태일이가 쉬는 시간에 아이들에게 말했다.

"역시 추진력 하나는 끝내 주는 반장이야!"

"좋아."

"오케이!"

수연이는 영미와 미리, 규정이, 태일이와 함께 한 조가 되었다.

"우리는 환상의 어린이 환경 감시단이다. 아자! 아자!"

아이들은 서로 잘해 보자며 의욕적인 모습을 보였다. 수연이도 친구들과 함께 청계천에서 봉사 활동을 한다고 생각하니 기분이 좋아졌다.

'생명과도 같은 물을 어떻게든 지켜 내야 해. 물고기들을 위해서, 사람들을 위해서, 지구를 위해서……'

수연이가 혼자서 중얼거렸다.

철학 돋보기

탈레스의 아르케

여러분은 우리가 살고 있는 이 세계가 어떻게 만들어졌다고 생각하나요? 사람마다 설명하는 방법은 제각각이겠지요. 고대 그리스 사람들은 이 세계를 제우스를 비롯한 신들이 만들었다고 믿었습니다. 여러분 중에서도 신이 이 세계를 만들었다고 믿는 사람이 있을 것입니다. 혹은 다윈이 주장한 것처럼 진화되었다고 믿는 사람도 있겠죠.

고대 그리스 사람들도 이러한 의문을 갖고 있었습니다. 그중에서 이러한 의문에 가장 먼저 답을 한 사람이 바로 탈레스였습니다. 탈레스는, '만약 제우스를 비롯한 올림포스의 신들이 이 세상을 만들지 않았다면, 어떻게 이 세상이 존재하는 것일까?' 하고 생각했습니다.

탈레스는 이에 대한 답으로 '물'을 얘기했습니다. 그는 물이야말로 모든 물질을 구성하는 근본 요소라고 생각했는데, 고대 그리스 사람들은 이것을 '아르케'라고 불렀습니다. 이 아르케를 우리말로 옮기면 '원래의 물질'이란 뜻으로 '원질'이라고 합니다.

그럼 왜 탈레스는 물을 아르케라고 보았던 것일까요? 탈레스는 먼저 자연 속에서 살아 있는 것과 죽은 것을 나누었습니다. 그리고 그는 살아 있는 것과 죽은 것을 구분할 수 있는 결정적 요소를 물이라고 생각했던 것입니다.

자연 속에 살아 있는 모든 것은 수분, 즉 물을 품고 있습니다. 식물과 동물은 말할 것도 없고 심지어 씨앗조차도 수분을 갖고 있습니다. 그러나 탈레스가 죽었다고 생각하는 것들에는 수분이 없었습니다. 예를 들어, 돌에는 수분이 없을 뿐만 아니라 식물이나 동물들이 죽으면 매우 빠른 속도로 수분이 빠져나가 버립니다.

여러분, 고대 그리스의 도시 국가에 살았던 사람들은 주로 농사를 지었다고 했지요? 그렇다면 농사를 짓는 데 가장 중요한 것은 무엇일까요? 그것은 바로 물입니다. 물은 농사의 흉년과 풍년을 결정하는 가장 큰 요인이었습니다. 그래서 탈레스를 비롯한 고대 그리스 사람들은 무엇보다도 물을 중요하게 여겼던 것이지요.

또한 탈레스는 칼데아 지방과 이집트에서 유학했다고 했지요? 유프라테스강과 티그리스강이 있는 칼데아 지방과, 나일강이 흐르는 이집트에서는 물을 매우 중요시 여겼습니다. 이 지역은 거대한 강이 있었음에도 불구하고 매우 건조한 곳이었기 때문입니다. 특히 이집트에서는 나일강을 이집트의 신으로 숭배했을 정도로 물을 소중하게 여겼습니다.

　탈레스는 칼데아 지방과 이집트를 여행하면서 죽어 가는 식물이나 동물이 물을 먹고 다시 살아나는 것을 보았을 것입니다. 그래서 탈레스는 살아 있는 것과 죽은 것을 구별하는 기준을 수분, 즉 물이라고 보고, 사람을 포함해 이 세계에 살고 있는 모든 자연물의 본질을 물이라고 파악했던 것입니다. 심지어 탈레스는 물이 자연물의 영혼이며 물이야말로 모든 물질의 근본 요소인 아르케라고 생각했습니다.

　물론 근본이 무엇인지에 대해 질문을 던졌던 탈레스가 정확한 해답을 얻은 것은 아닙니다. 왜냐하면 우주, 세계 그리고 인간을 구성하는 근본 물질이 물만은 아닐 테니 말입니다. 하지만 이러한 문제에 최초의 질문을 던진 탈레스는 철학의 역사에 있어 아주 중요한 자리를 차지하고 있습니다. 그 이유는, 어떤 문제에 대한 해답을 준 것은 아니지만 우주, 세계 그리고 인간의 아르케가 무엇일까? 하는 문제 제기를 처음으로 한 사람이기 때문입니다. 이제 여러분도 아르케가 무엇인지, 그리고 그 중요성을 아시겠지요?

4

되살아나는 희망

 인생에서 가장 즐거운 것은, 목표를 갖고 그것을 향해 노력하는 것이다.

－탈레스

1 어린이 환경 감시단

아빠의 헌책방 근처에 거의 다 왔을 때였다. 저 멀리 주혁이 오빠의 모습이 보였다. 수연이는 헐레벌떡 쫓아갔다.

"오빠! 어디 가?"

"수연이구나, 책방에 들렀다가 집에 가는 중이야. 넌?"

"엄마 심부름으로 아빠 가게에 갔다가 친구들 만나러 갈 거야."

수연이가 숨을 헉헉거리면서 말했다.

"요즘 초등학생들은 친구들이랑 뭐하고 노니?"

"놀긴, 청계천 환경 감시단 몰라?"

수연이가 눈을 흘기며 말했다.

"아, 그거! 오늘 봉사 활동하는 날이니?"

주혁이 오빠가 수연이의 머리를 쓸어 주면서 물었다.

"아니, 정해진 날은 아닌데 그냥 모이기로 했어. 참, 오빠도 시간 되면 같이 가자."

팔짱을 낀 채 오빠를 올려다보며 수연이가 물었다.

"좋아, 그럼 어서 너희 아빠 가게부터 다녀와. 기다릴게."

"알았어."

수연이는 쏜살같이 뛰어가 엄마가 전해 주라고 한 우편물과 도시락을 아빠에게 건네주고는 뛰어나왔다. 아빠는 가게 앞에서 손을 흔들어 주었다. 수연이와 주혁이 오빠는 손을 잡고 친구들이 있는 버들 습지까지 걸어갔다.

"참, 수연아. 우리 아버지께서 너희 환경 감시단에 자문위원이 필요하지 않느냐고 물으시더라. 혹시, 필요하니?"

"그게 뭔데?"

수연이가 어리둥절해 물었다.

"어린이들끼리만 하는 것보다는 어른의 조언을 받아 가면서 하는 게 훨씬 낫지 않겠어? 우리 아버지께서 청계천에 관심이 많으시거든. 이런저런 도움을 주실 거야. 하하!"

"정말? 그럼 우리야 좋지. 당장 말씀드려. 오케이라고!"

수연이가 주혁이 오빠의 손을 덥석 잡으며 말했다.

"알았어."

주혁이 오빠가 수연이의 볼을 살짝 꼬집었다.

"오빠, 대학생 된다고 나 모른 척하면 안 돼."

수연이가 잡은 손을 더 꽉 잡으면서 협박조로 말했다.

"하하! 모른 척하긴. 너나 중학생 된다고 오빠 모른 척하지나 마라."

주혁이 오빠는 맞잡은 손을 그네처럼 흔들면서 수연이를 귀엽다는 듯 내려다보았다. 멀리서 친구들이 보고 수연이를 놀려 댔다.

"얼레리꼴레리, 손잡았대요."

규정이였다. 수연이는 얼른 손을 놓고, 규정이에게 달려가 꿀밤을 한 대 날렸다. 아이들이 자지러질 듯 웃었다.

"너희들, 틈만 나면 봉사 활동하는데 힘들지 않니?"

주혁이 오빠가 아이들에게 물었다.

"이렇게 재미있는 봉사 활동 있으면 나와 보라고 하세요."

태일이가 두 팔을 쫙 펼치면서 말했다.

"맞아, 여기 오면 항상 소풍 온 기분이야."

미리도 수줍게 웃으면서 말했다.

수연이는 디지털 카메라를 꺼내어 사진을 찍기 시작했다. 영미와 미리는 조각상 옆에서 다정하게 포즈를 취했고, 태일이와 규징이는 나무 밑에서 어깨동무를 하고 사진을 찍었다. 수연이는 주혁이 오빠와 단둘이 오붓하게 벤치에 앉아 사진을 찍었다.

"이제 사진 그만 찍고, 봉사 활동 시작하자. 오늘은 몰려다니지만 말고 잘하자."

태일이가 의젓하게 말하자, 장난치며 뛰놀던 아이들이 뿔뿔이 흩어져 봉사 활동을 하기 시작했다. 영미와 미리가 함께 발걸음을 옮겼고, 태일이는 규정이를 데리고 갔다. 수연이는 주혁이 오빠와 함께 산책로로 내려갔다.

"오빠랑 같이 오니까 더 좋다."

"나도."

오빠와 함께 시원한 바람을 맞으며 걸으니 기분이 이상했다. 마치 데이트를 하는 것 같았다. 하지만 다른 사람들 눈에는 조카와 삼촌 사이쯤으로 보일 것이다. 주혁이 오빠는 농구 선수를 해도 될 정도로 키가 아주 컸다. 오늘따라 산책로에는 그 흔한 쓰레기조차 하나도 보이지 않았다. 수연이처럼 청계천을 사랑하는 시민들이 부쩍 늘어난 것일까. 물도 아주 맑았다. 청계천에는 양말을 벗고 첨벙첨벙 신나게 물놀이하는 어린아이들이 많이 보였다.

"우리도 저리 가서 발 좀 담가 볼까?"

주혁이 오빠는 수연이의 대답도 듣지 않고 먼저 뛰어 내려가더니 양말을 훌러덩 벗고 냇가에 발을 폭 담갔다.

"이리 와, 너무 시원해! 물고기들이 막 발가락 사이로 다녀."

수연이도 줄레줄레 따라갔다. 주혁이 오빠가 양말을 벗겨 주자 수연이의 얼굴이 발그레해졌다.

"좋지?"

"응."

"수연아, 할 말이 있어."

주혁이 오빠가 수연이를 가까이 내려다보며 의미심장한 미소를 지었다.

"무슨 말? 혹시…… 나 좋아해? 난 아직 어린데, 그리고……."

수연이는 고개를 푹 숙인 채 오빠가 어서 다음 말을 해 주기를 기다렸다.

"그게 아니고, 지난번에 네가 말한 탈레스 이론 말이야. 나도 아버지께 책을 빌려서 읽어 봤어. 정말 그럴듯하더라고. 탈레스는 정말 훌륭한 사람이더라. 아버지께서 그러시는데…… 너도 탈레스라면 이제 교수 해도 될 만큼 많이 안다면서?"

주혁이 오빠가 수연이의 머리를 콩 때리며 웃었다.

"뭐? 아, 그거? 난 또…… 아이, 창피해."

수연이가 멋쩍은 듯 오빠에게 마구 물을 튀기면서 웃기 시작했다.

"하하하!"

"히히히!"

둘의 웃음소리가 청계천 냇물과 함께 떠내려갔다.

2 청계천 1세대 물고기들

오랜만에 아빠가 쉬는 날이어서 가족끼리 모처럼 집에서 편히 쉬기로 했다. 엄마는 얼굴에 오이를 붙인 채 마사지를 했고, 수연이는 아빠와 함께 숙제를 했다.

그때, 텔레비전에서 청계천이 나왔다.

"또 나오네. 오늘은 무슨 일이지?"

수연이가 내심 걱정스러운 듯 화면 가까이로 다가갔다.

"어머, 또 무슨 일이야? 불안하네."

엄마도 걱정스러운 듯 말했다.

청계천을 처음 복원할 당시 한강에서 올라온 물고기들이 낳은 알이 부화되어, 지금 청계천에는 수십만 마리의 어린 물고기들이 헤엄쳐 다니고 있습니다.

현장에 나가 있는 기자는 가슴이 벅차오르는 듯한 표정으로 말했다. 수연이는 자신의 귀를 의심했지만, 화면에는 벌써 수중 카메라에 찍힌 어린 물고기 떼들이 물속 가득 헤엄치고 있었다.
"우아, 예쁘다! 너무 귀여워!"
수연이는 저도 모르게 손뼉을 치며 입을 헤 벌렸다.
"어디 봐 봐."
엄마가 얼굴에 붙어 있던 오이들을 마구 떨어뜨리며 자리에서 일어나 물고기들을 바라보았다. 어느새 아빠도 수연이의 어깨를 힘껏 감싸며 텔레비전을 보고 있었다.

피라미와 붕어, 잉어뿐만 아니라 상류에서는 맑은 물에만 산다는 버들치 치어도 발견되고 있습니다. 치어들은 거센 물살에 떠내려가

지 않으려고 안간힘을 쓰는 모습입니다. 이번에 태어난 치어들이 무사히 살아가고 있는 것을 보니, 이제 물고기들이 살 수 있는 환경이 충분히 갖추어진 것 같습니다.

뉴스가 끝나자 화면 앞으로 모였던 수연이네 가족은 다시 뒤로 물러나 앉았다.

"이게 다 우리 수연이 같은 어린이들이 청계천 살리기에 앞장서서 이루어진 일이야. 정말 대견하구나."

아빠가 수연이의 머리를 쓰다듬었다.

"아빠는, 내가 뭘 했다고요. 그냥 쓰레기 몇 번 주운 것뿐인데요."

말은 이렇게 했지만 수연이는 왠지 가슴이 뿌듯했다. 간절히 빌었던 소원이 이루어진 것처럼 가슴이 벅차올랐다.

"엄마도 환경 감시단에 끼워 줘라. 엄마도 칭찬받게. 호호!"

"정말요? 그럼 제 밑으로 들어오세요. 제가 단장이거든요. 헤헤!"

"정말?"

"아니요, 거짓말!"

엄마와 수연이가 깔깔거리면서 뒹굴었다. 그때 전화가 걸려 왔다. 미리의 전화였다. 미리도 금방 뉴스를 보고 제일 먼저 수연이에

게 전화를 하는 거라고 했다. 둘은 신이 나서 물고기 얘기를 주고
받았다. 전화를 끊고 나니 영미와 태일이한테도 전화가 걸려 왔
다. 다들 잔뜩 들떠 있었다. 아이들은 참다못해 동네 놀이터에 모
였다.

"아깐 정말 감동이었어, 그치?"

"맞아, 우리 엄마랑 얼싸안고 덩실덩실 춤까지 췄다니까. 하하!"

영미와 수연이가 부둥켜안은 채로 방방 뛰었다.

"우리는 별로 한 일이 없는데도 이렇게 보람찬데…… 앞으로는
정말로 열심히 봉사 활동을 해야겠어. 그럼 보람이 더 커지겠지?"

반장 태일이가 의젓하게 말했다.

"그래, 그럼 우리 한 달에 두 번씩 모여서 가자. 시간 되는 사람
은 더 자주 가고. 어때?"

장난꾸러기 규정이도 진지하게 의견을 내놓았다.

"찬성!"

"나도!"

"좋아, 좋아!"

아이들은 맑은 물에서 헤엄치는 물고기들을 떠올리며 모두 하나
가 되었다.

"내가 떡볶이 쏜다!"

태일이가 앞장서자 아이들도 신이 나서 따라나섰다.

3 아르케가 물이라고?

"그래서, 대체 아르케가 뭐라는 거야?"

영미는 머리가 아프다는 듯 인상을 쓰며 물었다.

"그러니까 탈레스가 말한 아르케라는 건, 이 세상의 모든 것을 창조한 근본 물질인데 그게 바로 물이라는 거야."

수연이가 환경 감시단 친구들에게 설명했다.

"이 세상을 창조한 가장 근원적인 물질이 정말 물이었을까?"

태일이가 의아하다는 듯 물었다.

"탈레스는 왜 하필 물이라고 생각했을까?"

미리도 고개를 갸웃거리며 말했다.

"탈레스는 물이 곧 생명이라고 생각했대. 물이 생명의 근원이자 모든 것의 시작이라고 말이야."

수연이는 청계천을 흐르는 물속을 가만히 들여다보며 대답했다.

"그건 맞는 말 같아. 식물도 물이 없으면 죽잖아. 사람도 마찬가지이고. 다 죽어 가던 벤자민이 물을 잘 먹고 살아나는 걸, 우리 눈으로 똑똑히 봤다니까."

영미가 눈을 동그랗게 뜨고 확신에 차서 말했다.

"탈레스는 페르시아와 이집트에서 메마른 땅을 보았는데, 메마른 땅에서는 아무것도 자라나지 못한다는 걸 알았지. 그래서 탈레스는 물이야말로 생명을 살리는 힘을 가졌다고 생각한 거야. 그렇게 본다면 물은, 생명을 창조하는 최초의 물질이라고 할 수 있겠다."

어디선가 주혁이 오빠가 나타나서 청계천을 바라보며 이야기했다.

"오빠, 언제 왔어?"

수연이가 깜짝 놀라며 반가워했다.

"형, 대학교 합격했다면서요? 축하해요."

태일이가 의젓하게 축하 인사를 건넸다.

"고마워, 이게 다 수연이 덕분이야. 수연이랑 친해지면서 나도 철학에 관심이 많아졌거든. 그래서 철학과에 가기로 한 거야."

주혁이 오빠가 수연이를 향해 미소를 지었다.

"아니야, 오빠네 아빠가 철학과 교수님이라서 그런 거지, 내 덕분은 아니다, 뭐."

수연이는 땅바닥만 내려다보며 수줍게 말했다.

"아무튼 아르케가 물이라는 얘기는 좀 어렵긴 하지만, 대충은 알 것 같아. 물이 소중하다는 건 확실하잖아. 하하!"

태일이가 요점 정리하듯 설명했다.

"그런데 탈레스는 아르케가 물이라고 해서 유명해진 거야? 사실, 난 한번도 탈레스에 대해 들어본 적이 없었거든. 위인전에도 안 나오잖아."

영미가 물었다.

"탈레스는 철학적인 문제에 대한 명확한 해답을 제시한 사람은 아니야. 그렇지만 철학적인 문제를 맨 처음 던진 사람이기 때문에 유명해지고 존경받게 된 거야. 그리고 탈레스는 그리스에서 가장 현명한 일곱 사람 중 한 명으로 손꼽히는 인물이래. 재미있지?"

주혁이 오빠가 아이들에게 차분하게 설명해 주었다. 아이들은

모두 고개를 끄덕거렸다.

"오늘 봉사 활동은 여기서 끝내자. 지난번 물고기 떼죽음 사건 이후로 아직까지 별다른 환경오염 사례는 없는 것 같아. 앞으로도 우리가 청계천에 오염 물질이 흘러들지는 않는지, 관람객들이 함부로 더러운 쓰레기를 버리지는 않는지 등 세밀한 부분까지 눈을 크게 뜨고 점검하도록 하자."

태일이가 말했다.

그때 지나가던 할머니 한 분이 말을 걸어왔다.

"장하기도 하지. 요즘 애들은 방에만 틀어박혀 게임만 하면서 하루를 다 보낸다더니, 꼭 그렇지만도 않네그려. 어느 학교들 다니는겨?"

"희망초등학교요!"

태일이가 씩씩하게 대답하자, 할머니는 치마 속주머니에서 만 원짜리 한 장을 꺼내 옆에 서 있던 수연이의 손에 쥐어 주셨다.

"맛난 거 사 먹고 재미있게 놀다 가그래이."

"아니에요, 할머니. 저희는 이런 거 바라고 하는 게 아니에요."

수연이가 손사래를 치며 돈을 다시 돌려 드리려고 했다.

"뚝! 어른이 주면 고맙습니다, 하고 받는겨."

할머니는 짐짓 노여운 척하셨다. 수연이 뒤에 서 있던 영미는 그냥 받으라면서 옆구리를 쿡쿡 찔렀다.

"고맙습니다."

수연이가 기어 들어가는 목소리로 인사했다. 다른 아이들도 얼떨떨한 표정으로 서 있었다. 할머니는 다리가 아프신지 계속 아이들 곁에 앉아 계셨다. 영미가 먼저 할머니의 어깨를 안마해 드리자 다른 아이들도 영미를 따라 할머니의 무릎과 팔 등을 안마해 드렸다. 할머니는 우두커니 앉아서 눈만 껌벅거리는가 싶더니 갑자기 눈물 한 방울을 툭 떨어뜨렸다.

"아프세요? 살살할까요?"

태일이가 놀라서 물었다.

"아녀, 그게 아니라…… 우리 손주 녀석이 생각나서 그랴. 고녀석, 살아 있었으면 아마 열 살쯤 됐을 텐데…… 작년에 하늘나라로 가 버렸어."

아이들이 안마하던 손을 멈추고 할머니를 바라보았다.

"백혈병인가 뭔가, 몇 년 동안을 앓다가 그만…… 흐흑."

"할머니, 울지 마세요."

미리가 따라 울 듯 얼굴을 찡그리면서 말했다.

"죽기 전에 이 할미랑 꼭 청계천에 오기로 약속했는데……."

할머니는 손수건을 꺼내 눈물을 닦으면서 흐느끼셨다. 아이들은 어쩔 줄 몰라 했다. 그때, 저 멀리 물속에서 굵직한 잉어 한 마리가 풍덩거리며 헤엄치는 모습이 보였다. 할머니는 울다 말고 잉어를 바라보다가 물가 가까이로 내려가서 잉어에게 먹이를 던져 주었다.

"내가 이젠 요놈들을 내 손주로 알고 찾아올겨. 죽지 말고 잘 살 그래이."

할머니는 잉어들을 향해 손을 흔들었다.

"잘 살아라. 아들딸 많이 낳고 오래오래 살아라!"

규정이가 크게 소리쳤다.

'물고기들아, 할머니 소원대로 건강하게 잘 자라야 해!'

수연이도 마음속으로 간절히 빌었다.

4 탈레스처럼 될래요!

"오늘도 또 나가니?"

엄마가 청소기를 돌리다 말고 수연이를 가로막았다.

"봉사 활동하러 가야 해요. 오늘 자문위원 아저씨도 오신단 말이
에요."

수연이가 들떠서 말했다.

"교수 아저씨 말이니?"

"응, 내 시아버지 되실 분이오."

"뭐야!"

엄마가 수연이 머리를 콩 쥐어박았다.

"엄마는, 농담도 못해요? 다녀올게요!"

수연이는 운동화를 신고 버스 정류장까지 한걸음에 달려갔다. 버스에 올라타서 창문을 살짝 여니 싱그러운 바람이 불어와 코를 간질였다. 한 정거장을 지나자 영미와 미리도 버스에 올랐다.

"오늘 주혁이 오빠도 온대? 아버지가 오시니까 아들도 오겠지?"

영미가 큰소리로 말했다.

"조용히 좀 해. 주혁이 오빠는 도서관에 가야 한대. 아저씨만 올 거야."

수연이가 영미의 입을 틀어막으며 말했다.

청계천에 도착하니 한 사람도 빠짐없이 모여 있었다. 자문위원을 맡아 주신 교수 아저씨도 일찍 와 계셨다.

"아저씨도 요즘 뱃살 빼느라고 여기 운동하러 자주 온단다. 걷기 운동만큼 좋은 운동이 없다잖니? 운동도 하고 봉사 활동도 하고, 얼마나 좋으냐? 자, 우리 저쪽으로 걸어가 볼까?"

"네."

아이들은 아저씨 주변에 달라붙어 재잘거리며 걸어갔다. 그때,

아저씨가 그만 발을 헛디뎌 길가에 고여 있던 빗물 웅덩이에 쑥 빠졌다.

"아이쿠!"

아저씨는 웅덩이에 발이 빠지자 안절부절못했다. 태일이가 얼른 화장지를 꺼내어 내밀었다.

"고맙구나, 내가 좀 조심성이 없단다. 하하! 탈레스는 하늘의 별자리를 관찰하다가 우물에 빠졌다는 명분이라도 있지, 아저씨는 멀쩡히 걸어가다가 이게 뭐냐, 하하!"

아저씨가 젖은 바지와 신발을 닦으며 웃었다.

"탈레스가 우물에 빠졌다고요?"

수연이가 깜짝 놀라서 물었다.

"그래, 빠져 죽은 건 아니니까 걱정하지 마라. 탈레스는 밤하늘의 별을 보다가 그만, 눈앞의 우물을 보지 못하고 빠졌었단다."

아이들은 호기심 어린 눈으로 아저씨의 말에 집중했다.

"탈레스가 곰자리를 발견한 천문학자인 것은 알고 있지? 우리 수연이만 아나?"

"저도 알아요. 삼촌한테서 배웠어요."

태일이가 나서서 말했다. 다른 아이들은 처음 듣는 이야기라는 듯 고개를 갸우뚱했다.

"그런데 그 사람 너무 어리벙벙하네요. 우물에 빠지다니!"

영미가 비웃으며 말했다.

"탈레스 옆에 서 있던 하녀도 영미처럼 탈레스를 비웃었단다. 그런데도 탈레스는 결코 기죽지 않고 하던 일을 열심히 했지. 탈레스처럼 자기가 하는 일에 신념을 가지고 끝까지 노력하는 것이 성공의 비결이란다."

아이들은 고개를 끄덕이면서 서로 마주 보고 웃었다.

"탈레스는 또 어떤 사람이었나요?"

규정이가 히죽거리면서 아저씨에게 물었다.

"세상 모든 물질의 근본이 물이라고 말한 사람이야. 그게 바로 아르케이고. 맞죠, 아저씨?"

영미가 이번에도 아는 체하며 나섰다.

"그래, 맞아. 오늘 이렇게 청계천에 오니까 탈레스 생각이 더 나는구나. 탈레스는 물의 소중함에 대해 아주 잘 알고 있었지. 당시에는 특히 농업이 주요 생계 수단이었으니까 더욱더 물이 소중할 수밖에 없었지만, 그 누구도 물이 이 세상의 근원이라고 말한 적은 없었단다. 그런 논리를 맨 처음으로 내세웠다는 것 자체가 역사적으로 큰 의미가 있는 일이란다. 너희들도 어떤 일이든지 당연하게만 받아들이지 말고, 항상 의문을 품고 뭔가 새로운 사실을 발견하기 위해 노력해 보렴."

아저씨가 청계천에 흐르는 물을 내려다보면서 말했다.

"저도 사람들에게 많은 도움을 줄 수 있는 과학자가 되고 싶어요."

수연이가 하늘을 올려다보며 미소 지었다.

"나는 탈레스처럼 유명한 철학자가 되고 싶어요."

태일이도 가슴에 손을 얹고, 진지하게 말했다.

"좋은 건 너희가 다 하냐? 그럼, 나는 청계천을 맑고 깨끗하게 지키는 환경 지킴이가 될 거야."

규정이가 개구쟁이처럼 웃으면서 말했다.

"하하! 규정이처럼 무슨 일을 하더라도 남에게 도움이 되고 더불어 사는 세상을 위해 한몫 다하는 사람이 되겠다는 마음가짐이 중요한 거야."

아저씨가 규정이를 쳐다보며 말했다.

"너희, 들었지? 내가 이런 사람이야."

규정이가 우쭐해 하며 말했다. 교수 아저씨와 아이들은 산책로에서 버들 습지 쪽으로 걸어가며 이야기를 나누거나 청계천 구석

구석을 관찰했다. 청계천을 흐르는 경쾌한 물소리가 아이들의 귓가에 맴돌았다.

탈레스 법칙과 기하학적 지식

여러분은 기하학을 좋아하세요? 기하학은커녕 수학이라는 말만 나와도 고개를 절레절레 흔드는 사람들도 있겠죠? 만일 여러분 가운데 기하학을 싫어하는 사람이 있다면, 탈레스에 대한 이 이야기를 읽고 기하학을 좋아하게 되었으면 좋겠습니다.

기하학은 언제, 어디에서, 어떻게 만들어졌을까요? 기하학은 고대 이집트에서 가장 먼저 만들어졌다고 합니다. 이집트에서 가장 긴 강이 무엇인지 아시지요? 그렇습니다, 바로 나일강입니다. 그런데 나일강은 주기적으로 범람했기 때문에 나일강 하구에 살던 사람들은 농사를 잘 지을 수 있었다고 합니다. 나일강이 정기적으로 범람하면서 나일강 하구는 상류에서부터 떠내려 온 많은 부유물들로 인해 비옥한 땅이 되었습니다. 이 땅이 바로 나일강 삼각주입니다.

하지만 나일강이 범람하고 난 다음이 문제였습니다. 고대 이집트 사람들은 나일강이 범람한 후에 어디가 어디인지 알 수가 없었고, 어디가 누구의 땅인지도 몰랐습니다. 그래서 고대 이집트 사람들은 나일

강이 범람한 이후, 토지를 다시 나누는 기술을 찾아냈습니다.

이렇게 고대 이집트 사람들이 잃어버린 땅을 다시 찾는 기술이 현대 기하학의 시초였답니다. 이집트 사람들이 발견한 토지 재분배 기술인 기하학은 여러 가지 경로로 고대 그리스로 흘러 들어갔습니다. 고대 그리스 사람들은 이집트 사람들의 기술을 이론적으로 정비해 체계를 세우고 학문으로까지 발전시켰습니다.

고대 그리스의 유명한 기하학자로는 피타고라스, 유클리드, 아르키메데스 등이 있습니다. 이들 중에서도 기하학을 이론적으로 완성시킨 사람은 유클리드였습니다. 유클리드는 5가지 공준과 5가지 공리를 바탕으로 기하학을 완전하게 만들었습니다. 그래서 오늘날까지도 유클리드 기하학이 유명한 것입니다.

탈레스도 이 기하학을 완성시키는 데 있어 아주 큰 영향을 끼쳤습니다. 오늘날까지도 '탈레스의 정리' 혹은 '탈레스의 법칙'으로 불리는 것이 몇 가지 있습니다. 여러분들도 다 알고 있는 것이겠지만, 그것이 탈레스의 법칙이라는 것을 알지는 못했을 것입니다. 다음은 탈레스의 법칙 중에서 우리가 잘 알고 있는 것들입니다.

첫째, 원은 지름에 의해서 2등분된다.

둘째, 이등변삼각형의 두 밑각의 크기는 같다.

셋째, 두 직선이 교차할 때, 그 맞꼭지각의 크기는 같다.

넷째, 반원에 내접하는 각은 직각이다.

다섯째, 삼각형은 밑변과 밑각이 주어지면 어떠한 삼각형인지 결정된다.

　이상의 내용에 대해서 여러분들은 초등학교 과정에서 이미 다 배웠을 것이고, 이러한 기하학적인 지식을 모르는 사람은 거의 없을 것입니다. 그러나 고대 그리스 사람들은 이러한 사실을 알지 못했기 때문에 탈레스는 이러한 지식들을 모두 정리해서 고대 그리스 사람들에게 가르쳐 주었습니다. 그래서 사람들은 이것을 탈레스의 법칙 혹은 탈레스의 정리라고 합니다.

　그 외에도 탈레스는 자신의 키(a)와 그림자(b)를 이용하여 피라미드의 높이(x)를 측정하였다고 합니다. 탈레스의 키(a)와 피라미드 높이(x)의 비율은 탈레스의 그림자 길이(b)와 피라미드의 그림자 길이(c)와 비례합니다.

　$a : x = b : c$ 라는 것은 여러분도 다 알고 있는 사실이지요? 우리는 탈레스의 키와 탈레스 그림자의 길이를 알 수 있습니다. 그리고 피라미드의 그림자 길이도 알 수 있지요. 모르는 것은 피라미드의 높

이뿐입니다. 비례식을 통해 나머지 하나의 값을 구하는 방법을 여러분은 다 알고 있지요? 이런 방법을 통해 탈레스는 피라미드의 높이를 측정하였습니다.

  탈레스의 기하학적인 지식, 너무나 간단하지요? 기하학이란 이렇듯 어려운 것이 아니랍니다. 그에 비해 기하학을 잘만 활용한다면 우리 생활에 아주 유익하게 쓰일 수 있습니다. 그러니 여러분들도 기하학에 대해서 너무 어렵게 생각하지 마세요. 기하학은 이미 우리가 다 알고 있는 유익한 사실들을 정리해 둔 것뿐이니까요.

에필로그

아빠와 엄마의 결혼기념일이다. 원래는 기념일을 잘 안 챙기기로 유명한 아빠였지만, 웬일인지 이번에는 아빠가 먼저 근사한 식당을 예약해 놓고 수연이와 엄마를 초대했다.

아빠가 예약해 둔 식당은 청계천 근처 높은 빌딩의 12층 스카이라운지였다. 영미가 자주 간다고 늘 자랑하던 곳이었다. 빌딩 앞에서 엄마와 수연이의 눈이 휘둥그레졌다.

식당에 들어가 창가에 앉으니 청계천뿐 아니라 서울 시내가 다 내려다보이는 듯 멀리까지 선명하게 보였다. 밖이 점점 어두워질수록 창밖 경관은 더 아름다워져만 갔다. 가로등과 건물 창에 밝혀진 조명들, 청계천 조형물에서 뿜어져 나오는 화려한 빛깔의 온갖 불빛들이 수연이의 눈을 어지럽게 했다.

"자, 한잔합시다. 수연이 넌 사이다 마시고. 하하!"

넥타이까지 매고 나온 아빠가 엄마에게 와인을 권했다. 엄마는 황홀한 표정을 지으며 아빠와 건배를 했다. 그러곤 언제 준비하셨는지 아빠는 엄마에게 목걸이를 선물했다.

"고마워요, 살다 보니 별일이 다 있네."

엄마가 어쩔 줄 몰라 했다.

"엄마, 아빠! 결혼기념일 축하 드려요."

수연이도 선물을 내밀었다. 그건 바로 학교에서 받은 상장이었다.

"어머, 아무것도 잘하는 게 없는 우리 수연이가 웬 상을 다 타 왔니?"

엄마의 눈이 또 한번 휘둥그레졌다.

"헉, 아무것도 잘하는 게 없다니요. 치."

수연이가 입을 삐죽 내밀었다. 아빠가 상장을 가로챘다.

"선행상이네, 아! 환경 감시단 봉사 활동해서 받은 거구나!"

아빠가 상장을 쓰다듬으며 말했다.

"역시, 아빠는 눈치도 빠르셔."

"엄마가 농담한 거, 알지? 우리 수연이가 얼마나 잘하는 게 많은데, 그렇지?"

엄마가 수연이의 손을 꼭 잡으며 말했다. 수연이의 입이 다시 쏙 들어갔다. 수연이네 가족은 모처럼 한가하고 즐거운 저녁 시간을 보냈다.

"요즘 손님이 너무 많아져서 바쁘지요?"

엄마가 행복한 미소를 머금고 아빠에게 물었다.

"괜찮아, 늘 하던 일인데, 뭐."

아빠는 여유로운 표정으로 말했다.

"아빠, 그럼 가게를 조금 넓히는 게 어때요? 발 디딜 틈도 없던 데…… 외국 손님들도 더 많아졌지요?"

"그렇긴 한데, 가게를 넓힐 생각은 없어. 아빠는 지금 이대로가 아주 좋아. 행복해, 하하!"

"얘, 네 아버지 고집을 누가 꺾니? 호호!"

수연이네 가족은 한바탕 웃음꽃을 피웠다. 어두워진 창밖 너머 많은 사람들의 가슴속에서 잔잔히 흐르는 청계천이 수연이네 가족을 올려다보고 있었다.

통합형 논술
활용노트

01 아르케는 우리말로 '세상의 근원'이라는 의미를 가진 단어입니다. 여러분은 이 세상을 구성하고 있는 아르케가 무엇이라고 생각하나요? 그리고 그 이유는 무엇인지 서술해 봅시다.

02 탈레스가 만물의 근원을 물이라고 말하게 된 배경은 무엇일까요?
탈레스가 살았던 시대와 관련지어 설명해 봅시다.

03 탈레스가 기존의 철학자들과 다른 점이 있다면 어떤 점에서 달랐을
까요? 책을 잘 읽고 서술해 봅시다.

04 여러분이 살아오면서 물의 소중함을 느꼈던 경험이 있다면 자유롭게 적어 봅시다.

05 물이 없다면 이 세상은 과연 어떻게 될까요? 마음껏 상상하여 논술해 봅시다.

통합형 논술
문제풀이

01 저는 이 세상의 근원은 '햇빛'이라고 생각합니다. 모든 생명이 살아 움직이려면 무엇보다도 햇빛이 필요하기 때문입니다. 햇빛 한 줌 들지 않는 지구를 생각해 본다면 정말 끔찍합니다. 온 세상은 암흑처럼 깜깜할 것이고 산너미 같은 빙하들은 여기저기서 둥둥 떠다닐지도 모릅니다. 남극보다 더 혹독한 추위 속에서 살아남을 수 있는 생물은 거의 없을 것입니다. 우리가 밟고 있는 흙이나 졸졸졸 노래하며 흐르는 물도 햇빛이 없다면, 생명체가 더 이상 살 수 없을 것입니다. 따라서 햇빛은 생명의 근원이자 세상의 근원이라고 해도 과언이 아닙니다. 햇빛이 지구를 비춰 줘야만 나뭇가지에도 푸른 잎사귀가 달릴 수 있고, 자유롭게 들판을 가로지르는 동물들이 존재할 수 있으며, 인간 역시 정상적인 생활을 유지할 수 있는 것입니다.

02 탈레스는 지구를 무한한 대양 위에 떠 있는 편평한 판이라고 생각하고, 만물이 생존하기 위한 필수적인 요소를 물이라고 주장했습니다. 그는 이 세계의 물질들이 여러 가지의 모습으로 보이지만, 모든 것은 물이 변화한 모습이라고 믿었습니다. 탈레스가 이러한 주장을 한 이유는 당시의 주된 산업이 농업이라는 데에 있습니다. 이로 인해 물의 소중함과 절대적인 영향력을 몸소 체험하고 깨달았던 것입니다.

03 탈레스는 밀레투스의 유명한 기술자였는데, 어느 날부터 무역선을 타고 여러 나라를 돌아다니게 됐습니다. 그러면서 이집트와 중동 지방의 앞선 과학 기술과 문명을 배워 천문학, 기하학 등의 지식을 사람들에게 전했습니다. 이렇듯 탈레스는 수학, 과학, 기하학, 천문학 등을 연구하고 체계를 세운 사람이었습니다. 그런데 탈레스는 기존의 철학자와는 다르게 실험이나 직관이 아닌, 논리적인 추론에 의해 증명하는 방법을 시도했습니다. 원은 지름에 의해 2등분된다는 것, 자석이 금속을 끌어당긴다는 것 등을 발견하고, 이에 관해 연구한 것입니다. 또한 모든

현상과 진리를 그리스 신화와 그리스 신들을 중심으로 해석하려 했던 기존의 관점에서 벗어나 맨 처음 철학적인 사고를 하기 시작한 사람도 탈레스였습니다. 그 역시 모든 물체에 신이 있다고 믿는 그리스인이었지만 자연법칙에 대한 해석은 초자연적인 관점에서가 아니라 자연에 근거해 접근하는 방식을 택했습니다.

04 몇 월, 며칠, 몇 시부터 수도관 공사로 단수될 거라는 공지문을 미처 보지 못한 우리 식구들은 아무리 수도꼭지를 비틀어도 물이 나오지 않는 상황에 한참을 당황해했습니다. 다행히 옥상의 노란 물탱크에 저장된 물이 있긴 했지만, 식구 수가 많은 우리 집 사정으로는 턱없이 부족한 양이었습니다. 엄마는 설거지통에 쌓인 그릇들을 보면서 한숨을 쉬셨고, 나와 누나 역시 조심조심 다른 식구들의 눈치를 보면서 세수를 해야 했습니다. 조간신문을 보신 후 늘 정원에 있는 나무들에 시원한 물세례를 주시던 아버지도 신문만 뒤적뒤적하실 뿐이었습니다. 어제 축구를 하느라 땀을 많이 흘렸던 저로서는 목욕을 하지 못하는 상황이 제일 괴로웠습니다. 어제, 몇 번을 망설이다가 지금은 피곤하니까 내일 아침에 씻자며 바로 침대로 뛰어든 것이 후회되었습니다. 오늘은 짝을 바꾸는 날인데, 새 짝이 내 몸에서 이상한 냄새가 난다고 얼굴을 찡그리는 것은 아닐까, 하는 걱정도 되었습니다. 왜 하필 오늘 수도관 공사를 하는 걸까, 괜히 분한 마음이 들었습니다. 그러면서도 평소에는 내가 참 물의 소중함을 모른 채 지내 왔구나 하는 생각이 들었습니다. 언제나 시원스럽게 콸콸 쏟아지는 물이 있었기에 나의 하루가 정상적으로 시작되고 마무리될 수 있었던 것인데 말입니다. 세수한 물을 변기에 조심조심 부으며 다짐했습니다. 이제부터는 물의 소중함을 늘 생각하면서 아껴 써야겠다고 말입니다. 내일은 정말 감사한 마음으로 시원하게 목욕을 할 수 있을 것 같습니다.

05 우선 바다를 비롯한 강과 작은 개울까지도 모두 없을 테니까 지구

의 구조 자체가 완전히 달라질 것입니다. 지금의 상태에서 물만 싹 빠진다면 과연 지구의 둥근 모양이 유지될 수 있을지도 의문이지만, 만일 지금의 형태를 유지하더라도 물의 역할을 대신할 다른 물질이 반드시 필요할 것입니다. 바다를 사이에 두고 연결되었던 모든 나라들도 모양을 달리할 것입니다. 모든 국가가 대륙으로만 연결될 수도 있고, 아니면 바다의 위치에 다른 무언가가 채워질 수도 있겠지요. 하여간 넓디넓은 태평양은 역사 속에서 그 자취를 감추게 될 것입니다. 바다가 없어지니 당연히 수중 생물과 수중 자원 등도 없어질 것입니다. 많은 면에서 바다에 의존해 온 인간들은 오래도록 자원의 부족 현상에 시달리게 될 것입니다. 또한 지구에서 살아 숨 쉬는 모든 생물들도 수분 부족 현상으로 하나씩 쓰러져 갈 것입니다. 뿌리로 물을 흡수하여 잎과 꽃을 피워 내는 식물은 말할 것도 없고, 신체의 2/3 이상이 물로 이루어진 인간도 수명을 유지하기가 힘들 것입니다. 즉 모든 생명체는 더 이상 생존 자체가 불가능해질 것입니다.